New York

ニューヨーク

ララチッタとはイタリア語の「街＝La Citta」と、
軽快に旅を楽しむイメージを重ねた言葉です。
映画のロケ地めぐりや最新エンタメ情報、
憧れブランドの本店にアメリカンスイーツなど…
大人女子が知りたい旅のテーマを集めました。

JN110801

NYで叶えたい♥
とっておきシーン10 …P8

Highlight
● ハイライト

Gourmet
● おいしいもの

Shopping
● おかいもの

Walking
● おさんぽ

More
もっと

Stay
ステイ

Travel Information
トラベルインフォメーション

付録MAP

マークの見かた

⊗ 交通		⏰ 開館時間、営業時間	
🏠 住所		休 休み	
☎ 電話番号		¥ 料金	

その他の注意事項

●この本に掲載した記事やデータは、2023年12月の取材、調査に基づいたものです。発行後に料金、営業時間、定休日、メニュー等が変更になることや、臨時休業等で利用できない場合があります。また、各種データを含めた掲載内容の正確性には万全を期しておりますが、お出かけの際には電話等で確認・予約されることをおすすめいたします。なお、本書に掲載された内容による損害等は、弊社では補償いたしかねますので、予めご了承くださいますようお願いいたします。
●本書掲載の電話番号は特記以外、現地の番号です。すべて市外局番から記載しております。
●休みは基本的に定休日のみを表示し、年末年始や復活祭、クリスマス、国の記念日など祝祭日については省略しています。
●料金は基本的に大人料金を掲載しています。

ニューヨーク早わかり

主なみどころが集まるのが南北に細長いマンハッタン島。エリアが細かく分かれており、それぞれに個性的な街並みが広がっている。川を挟んだ東側には、近年発展著しいブルックリンがある。

ニューヨーク市基本情報

国名：アメリカ合衆国
（ニューヨーク州）
人口：約833.6万人（2022年）
面積：778.2km²
時差：マイナス14時間（サマータイム時は時差13時間）
通貨：ドル（$）。$1＝147円
（2024年1月現在）

ブロードウェイ
Broadway

ミッドタウンを南北に走る通り。この通り周辺の42～53丁目の間が、ミュージカルの劇場が並ぶエンタメの中心地。

ミート・パッキング・ディストリクト
Meat Packing District

精肉工場が並んでいた地域が、おしゃれな街に変貌中。貨物用の高架鉄道跡はハイライン（→P32）という遊歩道に。

マンハッタンは大きく分けると5つ

ハーレム
黒人文化が根付くエリア。ジャズやゴスペルなどの音楽が生まれた。

アップタウン
セントラル・パークの東西一帯の高級住宅街。美術館や隠れ家的なカフェ、レストランが集まる。

ミッドタウン
劇場やブランドショップ、現代的なオフィスビルが並ぶ。主な観光スポットが集中するエリア。

ダウンタウン
歴史ある建造物が多く、ショップやグルメ、ナイトライフなどが充実している気取らないエリア。

ロウアー・マンハッタン
マンハッタンの最南端に位置する。自由の女神へのアクセスはここから。

---

❶ アッパー・ウエスト・サイド
Upper West Side （→P92）

落ち着いた住宅街

セントラル・パークの西側に広がる、19世紀末から開発が進んだエリア。リンカーン・センター（→P120）や、瀟洒なアパートが並ぶ。

最寄り駅 Ⓜ66ST-LINCOLN CENTER駅、72ST駅など

❷ アッパー・イースト・サイド
Upper East Side （→P92）

美術館と高級ブランド

公園東側の通りには大小の美術館が点在し、ミュージアム・マイルとよばれる。NYきっての高級住宅街でもあり、ブランドショップも多い。

最寄り駅 Ⓜ68ST-HUNTER COLLAGE駅、77ST駅など

❸ ハーレム
Harlem
→P106

ブラック・カルチャーを体感

古くから黒人たちが暮らし、独特の文化を育んできたエリア。以前は危険な地域だったが、近年治安が改善し多くの観光客が訪れている。

最寄り駅 Ⓜ125ST駅など

❹ ミッドタウン
Midtown
→P98

華やかな中心地

ショップが並ぶ5番街の東側はビジネス街、西側はタイムズ・スクエアを中心とした娯楽街。摩天楼が集中する賑やかなエリア。

最寄り駅 ⓂTIMES SQ-42ST駅、GRAND CENTRAL-42ST駅など

❺ チェルシー
Chelsea
→P100

アート散策が楽しい

小さなギャラリーが点在するアート発信地。19世紀後半に造られた上品な街並みが特徴的で、レストランやカフェが点在している。

最寄り駅 Ⓜ14ST駅、23ST駅など

❻ ユニオン・スクエア～グラマシー
Union Square~Gramercy
→P100

閑静な住宅街

グラマシー・パーク周辺は文化人たちに愛される古くからの住宅街。ユニオン・スクエア周辺にはショップやレストランが集まる。

最寄り駅 Ⓜ14ST-UNION SQ駅など

❼ グリニッチ・ビレッジ
Greenwich Village
→P100

ジャズが薫る文化の街

ワシントン・スクエアを中心に、19世紀の面影を色濃く残す落ち着いた街並み。グルメスポットやジャズクラブなどのナイトスポットが充実。

最寄り駅 ⓂCHRISTOPHER ST-SHERIDAN SQ駅など

❽ イースト・ビレッジ
East Village
→P100

多彩なエスニック・タウン

移住者が多く住むエリアで、各国料理の店やナイトクラブが多い。近年、カフェやヴィンテージショップなども増え、トレンドに敏感な若者に人気。

最寄り駅 ⓂASTOR PL駅など

❾ ソーホー～ノリータ
Soho ~ Nolita
→P102

古さと新しさが混在

高級ブティックやセレクトショップが集まる買い物エリア。ソーホーはキャスト・アイアンという建築様式が残る歴史地区。

最寄り駅 ⓂSPRING ST駅、PRINCE ST駅など

❿ ロウアー・イースト・サイド
Lower East Side
→P104

再開発が進む移民街

ユダヤ系などの移住者が多く住んでいたエリアが急速に発展中。レストランやショップが多く、新旧の魅力が集まっている。

最寄り駅 Ⓜ2 AV駅、DELANCEY ST/ESSEX ST駅など

⓫ ロウアー・マンハッタン
Lower Manhattan
→P30

世界経済の中心地

移住者の玄関口として発展した古い歴史をもつ街であり、世界経済を牽引する金融街「ウォール街」があるのもこのエリア。

最寄り駅 ⓂWALL ST駅、RECTOR ST駅、FULTON ST駅など

ひと足延ばして
ブルックリン Brooklyn
→P94

橋を渡って注目エリアへ

イースト川を挟んだ東側にある住宅地。近年ショップやレストランが続々オープンし、観光地としておなじみのエリアになった。

最寄り駅 ⓂHIGH ST駅、YORK ST駅、BEDFORD AV駅など

ニューヨークを楽しみ尽くす!

4泊6日王道モデルプラン

ニューヨークを満喫したいなら、最低でも4泊6日は欲しいところ。
初めてのニューヨークを楽しむ鉄板モデルプランをご紹介。

DAY1

初日はゆったり

輝く夜の摩天楼を満喫

16:30
ジョン・F・ケネディ国際空港に到着

↓ タクシーで約50分

17:30
ホテルにチェックイン&荷物を預ける

↓ タクシーで約7分

エンバシー・スイーツ・バイ・ヒルトン・ニューヨーク・ミッドタウン・マンハッタン(→P124)

18:30
モダン・ダイニングでディナー

↓ タクシーで約10分

飾り付けも芸術的なブーリュー・スッド(→P66)の一品

20:30
エンパイア・ステート・ビルから
マンハッタンの夜景を一望

宝石箱のような夜景を望む。ライトアップされた外観にも注目

DAY2

全世界の文化が集まる

アートとエンタメ三昧

8:30
人気店でモーニング

↓ タクシーで約5分

サラベス(→P76)でサーモン・エッグ・ベネディクトを

おみやげもゲット!

9:00
メトロポリタン美術館で
芸術にふれる

↓ 徒歩約16分

膨大な作品数なので、見たい作品をあらかじめチェックしておこう

12:30
セントラル・パークでピクニック

↓ 徒歩約12分

近くのマーケットや園内のフードワゴンでランチを購入

14:30
5番街でショップ巡り

↓ 徒歩約10分

17:30
タイムズ・スクエアで記念撮影

↓ 徒歩すぐ

ドラマや映画でおなじみの風景をパシャリ! 観劇前の腹ごしらえも忘れずに

19:00〜20:00開演
ブロードウェイで
本場のミュージカルを体感

『ライオンキング』(→P118)など、人気作品が目白押し!

©Joan Marcus

DAY3

これぞニューヨーク!

ランドマーク巡り

9:30
自由の女神とご対面!
↓ フェリーと地下鉄で約1時間

ニューヨークのシンボル自由の女神

11:00
ワン・ワールド・トレード・センターからニューヨークの街を見渡す
↓ 地下鉄で約20分

高さ全米No.1

ワン・ワールド・トレード・センターの上層階が展望台、ワン・ワールド・オブザーバトリー

12:30
グルメバーガーでランチ
↓ 徒歩約6分

コーナー・ビストロ（→P64）で大満足の一皿を

14:00
ハイライン&ハドソン・ヤーズを散策
↓ タクシーで約10分

キーンズ・ステーキハウス（→P70）のプライム・ポーターハウス・ステーキ

今話題のハドソン・ヤーズ（左）と、廃線を利用した公園・ハイライン（下）

17:00
老舗ステーキハウスでディナー

DAY4

注目のエリアへ

ブルックリンさんぽ

ハリエッツ・ルーフトップ&ラウンジ（→P68）から望むマンハッタンの夜景は格別

9:30
ブルックリン・ブリッジを歩く
↓ フェリーと徒歩で約30分

ワン・ワールド・トレード・センターやエンパイア・ステート・ビルを望む

11:00
ウィリアムズバーグで話題のスポットへ
↓ フェリーと徒歩で約30分

マンハッタンの美しい景色を楽しめるドミノ・パーク（→P95）

16:30
ダンボでフォトスポめぐり
↓ 徒歩約6分

エンパイア・ストア（→P95）のフードコートで人気店のメニューを堪能

18:00
ルーフトップバーで最後の夜に乾杯!

DAY5

最終日はホテルで

優雅な朝の時間を

9:30
ホテルのレストランで朝食
↓ タクシーで約40分

おしゃれなホテルでゆっくり朝食を

10:30
ジョン・F・ケネディ国際空港に到着

SPECIAL SCENE10

NYで叶えたい♥
とっておきシーン10

世界中の人々が入り交じり、新たな文化を発信し続ける街・ニューヨーク。
大規模な開発が進むビル街、世界最高峰のミュージカルと美術館、
新たなライフスタイルを提案する最先端のグルメやショップなど注目のトピックが目白押し。

SCENE 1

P22~23

進化した
ワールド・トレード・センターへ

全米1の展望台で 摩天楼を眺める

ワン・ワールド・オブザーバトリー(→P22)からエンパイア・ステート・ビルを眺める。夕景は特に人気

高さ541mのワン・ワールド・トレード・センターを中心に、数棟の高層タワーからなるワールド・トレード・センター。9.11の史実を伝えるミュージアムやユニークな形状の駅舎など、みどころも充実。なかでも、ニューヨークで最も高い展望台・ワン・ワールド・オブザーバトリーから眺めるマンハッタンの大パノラマは絶対に見ておきたい。

ワールド・トレード・センターには展望台やミュージアムのほかショッピングセンターもある

SCENE
2
P18~21

像が立つリバティ島へ！
自由の女神を
間近に見上げる

世界遺産にも登録されているアメリカのシンボル・自由の女神は、一度は訪れたいニューヨークの一大観光名所。像が立つリバティ島へは、クルーズ船でアクセスできる。目の前に立って、自由の女神のスケールを体感しよう。

船で約10分
リバティ島へ上陸

バッテリー・パークから出発。乗船時にはセキュリティチェックが行われる。デッキ席もあり、自由の女神は船の右側からが見やすい

外観を
ぐるっと見学

女神像の背面や細部の装飾など、普段は絶対に見られないポイントをじっくり観察したい

ミュージアムで
歴史を学ぶ

自由の女神ミュージアムにも行ってみよう。建設当時の松明など貴重な資料を展示している

チケット販売ブース、tktsの階段状の屋根の上から広場全
体を見渡せる。夜でも明るいので手持ち撮影でもOK

SCENE 3 P35

ココで撮影はマストでしょ！
タイムズスクエアで
記念写真

ブロードウェイ7thAve.、W.42St.に囲まれた三角形の広場。全米でい
ちばん観光客が多い場所ともいわれ、広場を囲むビルの壁画はきらびや
かな広告やスクリーンなどで彩られている。夜遅くまで賑わい、夜景撮
影スポットとしても人気がある。

タイムズスクエアではさまざまなイ
ベントを開催。特に12月31日のカウ
ントダウンは世界中から観光客が集
まるビッグイベント

SCENE **4**

P24〜25・P34

フォトジェニックな新施設が続々オープン
今話題の新スポットで映え体験

常に進化し続けるニューヨークの街には、新名所が続々登場！写真映えする展望台や、ユニークな形の水上公園など思わず写真を撮りたくなるスポットで友達や家族と思い思いの時間を過ごしたい。

> ハドソン・リバー・パークにできたリトル・アイランド

> 個性的な形の支柱が目を引く

チューリップ形の支柱が話題の水上公園で人気がある

> スリル満点のエッジ

ニューヨークで一番高い屋外展望台。足がすくむ体験を楽しみたい

> ユニークな撮影ができるサミット・ワンヴァンダービルト

「サミット・ワン・ヴァンダービルト」は鏡張りの展望台で唯一無二の体験ができる

SCENE 5

P42

世界を代表するハイブランド・ストリート

憧れの5番街でショッピング！

欧米の高級ブランドからカジュアルブランドまで軒を連ねる一大ショッピングストリート。パリのシャンゼリゼ、ミラノのモンテナポレオーネなどと並ぶ世界屈指のブランド街で優雅にショッピングタイムを楽しんで。

48th～59thSt.は特に多くの店舗が集まり、最も5番街らしい華やいだ雰囲気

「ティファニーで朝食を」に登場したティファニー（→P42）本店のファサード

やっぱり5番街ではニューヨークブランドの商品をチェックしたい

リニューアルしたココにも行きたい

ブルーボックス・カフェ バイ・ダニエル・ブール

The Blue Box Cafe by Daniel Buoulud

別冊MAP ● P25C3

ティファニー本店の6階にあるカフェ。カフェの名前の通り、天井からたくさんのティファニーのギフトボックスが吊り下げられた店内が話題。朝食メニューのほかアフタヌーンティーも。

DATA 交MN・R・W線5 AV/ 59 ST駅から徒歩5分 住727 5 Ave. 6F（at E.57 St.）☎(212)605-4090 時10～20時30分（日曜は11～19時）休なし URLblueboxcafenyc.com（予約はオンラインで30日前から可能）

とっておきシーン10

ブルックリン・ブリッジ・パーク（→P94）は、マンハッタンのビル群やブルックリン・ブリッジを見渡す展望スポット

SCENE 6
P94~95

カメラを持って絵になるリノベ地区へ

ブルックリン・ブリッジを渡ってブルックリンへ

マンハッタンに比べカジュアルな雰囲気のブルックリンは、若者が集まるエネルギッシュな街。特に若手デザイナーやアーティストの商品を扱う店も多く、地域全体がトレンド発信の地として注目を集めている。高層ビルも少なくのびのびとしたエリアを散策しよう。

専用道を歩いて渡れるブルックリン・ブリッジ

フォトジェニックなスポットが点在

レンガ造りの趣ある商業施設

倉庫跡を再利用した商業施設エンパイア・ストア（→P95）。カフェやショップなどが入る。近年、ブルックリンではリノベスポットが注目を集めている

マンハッタン・ブリッジの下にエンパイア・ステート・ビルが入るカットで撮影するのがテッパン！

ガラスのボックスに収まるクラシカルな回転木馬は子どもから大人まで楽しめる

フィンセント・ファン・ゴッホ作『自画像』。見たい作品の情報は公式HPで事前に確認しておきたい

ヨハネス・フェルメールの代表作『窓辺で水差しを持つ女』。フェルメールは5点展示されている

ポール・ゴーギャン作『イア・オラナ・マリア』。ゴーギャンなど、近代を代表する画家の作品も豊富

ユニークな
展示物も

エジプト美術の作品
『カバのウィリアム』

SCENE 7 P108〜115

世界各地から
名作が集まる

美術館で
アート鑑賞

古今東西のあらゆる美術作品を集めた美術館から、1つのテーマに絞ったギャラリーまで、アートスポットが揃うニューヨーク。なかでも世界三大美術館の一つ、メトロポリタン美術館(→P108)は絶対に訪れたい。

ドラマや映画の
カットにも登場する
エントランス

SCENE 8 P116〜119

世界最高峰の
エンタメスポット

ブロードウェイ・
ミュージカル
に感動

ブロードウェイの42〜53丁目は「ブロードウェイ・シアター・ディストリクト」とよばれ、数多くの劇場が集中する。誰もが知る名作から、話題の新作まで、上演される作品もさまざま。感動と興奮のミュージカルの世界を体感しよう!

冒頭から作品の世界に引き込まれる『ライオンキング』　©Joan Marcus

さらびやかな劇場
の外観にも注目

観客の笑いを誘う『ザ・ブック・オブ・モルモン』
©Julieta Cervantes

トニー賞で4冠を達成した『MJ ザ・ミュージカル』
©Matthew-Murphy

SCENE 9
P90〜91

ニューヨーカー流
ランチスタイル

セントラル・パークで
のんびりピクニック♪

ボートを楽しめる池もあり、食後の運動にもピッタリ

セントラル・パークは、マンハッタンのちょうど中心に位置する都市公園。周辺のマーケットでサンドイッチやサラダなどのテイクアウトグルメを買い、公園で食べるのが地元流の過ごし方だ。

公園内には軽食を販売するフードワゴンもやって来る

セントラル・パークといえば思い浮かぶのが、高層ビル群に囲まれた広場「シープ・メドウ」。忙しく暮らすマンハッタンの人々にとって、緑に包まれた都会のオアシスだ

SCENE 10
P32〜33

緑に囲まれた
地上9ｍの散策路

ハイラインで
おさんぽ

貨物線として過去に使用されていた高架線を再利用した緑地は、いまやNYの名物スポット。ビル群を眺めたり、道中に見られるウォールアートを鑑賞したり、ニューヨークらしい景色を楽しめる。

日陰が少ないエリアもあるので、夏は暑さ対策を忘れずに

線道の数カ所には休憩スポットが点在し、なかには大通りを見渡す展望スポットも。足元から車が飛び出してくるかのような感覚を楽しめる

Topic 1

ハイライト
Highlight

開発が進むハドソン・ヤードやWTC、

ニューヨーカー注目のブルックリン…etc.

NYの"今"を感じる最新スポットへ。

必ず見ておきたい！
アメリカのシンボル
自由の女神

ニューヨークはもちろんアメリカのシンボルともいえる自由の女神。
せっかくニューヨークに来たからには、女神像を外から中から、存分に楽しもう。

ロウアー・マンハッタン　別冊 MAP P3D3

自由の女神
Statue of Liberty

自由と民主主義を象徴する女神像

アメリカ独立100周年を記念してフランスから贈られた像。1874年から10年かけて完成し、350ほどのパーツに分けられて船でニューヨークへと運ばれた。マンハッタンの南端から船で10分ほどのリバティ島に立ち、上陸しての見学も可能だ。1984年には世界遺産に登録された。
※リバティ島へはスタチュー・クルーズ社のツアーでのみ上陸できる。詳細は右記。チケットは公式サイトでも購入可。
URL www.statuecruises.com

楽しみ方❶　海上から見る

スタテン島の住民がマンハッタンへの足として使う無料の公共交通機関を利用する方法。女神像のすぐ近くは通らないが、その遠景は眺めることができる。

別冊MAP●P5C4
DATA ㊰スタテン・アイランド・フェリー乗り場：M1線SOUTH FERRY駅 時24時間、15～60分おきに運航(片道25分) 休なし 料無料

楽しみ方❷　ヘリコプターから見る

さまざまなヘリコプターのツアーがあるが、自由の女神やエリス島などを眺めるリバティ・ヘリコプターの「ビッグ・アップルツアー」($209～、所要約15分※別途保証金$40などが必要)がおすすめ。

リバティ・ヘリコプター
Liberty Helicopters
別冊MAP●P5C4
DATA ㊰ヘリポート：MRW線Whitehall St South Ferry駅から徒歩5分 ☎(212) 786-5751
URL www.libertyhelicopter.com

オススメ

楽しみ方❸　島に上陸して見る

像を間近に見るならリバティ島に上陸しよう。次第に大きく見えるその姿は感動もの。フェリーはマンハッタン南端のバッテリー・パークから発着。

● 上陸の手順

1　バッテリー・パーク内のクリントン砦にチケット売り場がある。シティ・バス利用やオンラインで購入する際にも引換券が必要。

2　乗り場でセキュリティチェックが行われいよいよ乗船。パスポートの提示を求められることも。

3　船からの風景を楽しむなら2階か3階のデッキ席へ。像は船の右側が見やすい。

4　リバティ島へは10分間ほどの船旅。さまざまな角度から像を見上げてみよう。台座内の博物館や展望台へも入場可能。

スタチュー・クルーズ
Statue Cruise
別冊MAP●P4B4
バッテリー・パーク、リバティ島、エリス島を結ぶフェリー。エリス島停泊時間も含めると所要30分ほど。15～20分間隔で運航。
DATA ㊰フェリー乗り場：M1線SOUTH FERRY駅から徒歩3分 ☎(1-877) 523-9849 時バッテリー・パーク発：8時30分～16時、リバティ島発：8時55分～17時45分(季節により異なる) 休なし 料$24.50(台座、王冠へのアクセスチケットは$24.80)

プチ情報　ロウアーマンハッタンにある展望台や、マンハッタン最南端にあるバッテリー・パーク、歩いて渡れるブルックリン・ブリッジなどからもかなり遠いが女神像を眺めることができる。展望台に上った際は見つけてみよう。

松明

24金の金箔で覆われた希望の象徴。1984〜86年の修復工事の際に取り換えられたもので、完成当時のオリジナルは台座のロビーに展示。かつては灯台として使われていたこともある。

王冠

7つの角には7つの大陸と7つの海に広がる自由への願いが込められている。角の長さは3.7m。内部は展望台になっている。

顔

作者であるバルトルディの母がモデルとされる。1886年の除幕式では、顔を覆っていたフランス国旗がバルトルディ自らの手で落とされた。

左腕＋独立宣言書

手に持っているのは縦7.19mに及ぶ銅板の独立宣言書。表紙には文書が採択された日付「1776年7月4日」が刻まれている。

背面

右足のかかとを上げているのがわかる。建設当時はここに像への入口が設置されていた。

左足

1歩前に踏み出した左足は、奴隷制と専制政治を象徴する足かせを踏みつけている。素足ではなくサンダルを履いている。

高さ
46.05m
（台座を加えると93m）

作者
フレデリック・オーギュスト・バルトルディ

完成年
1884年
（ニューヨーク到着）

除幕式
1886年

台座

この部分はアメリカ側が製作。らせん階段で展望デッキにアクセスできる。

自由の女神Q&A

Q. 正式名称は？
像の正式名称は「世界を照らす自由の像」。女神とよばれる由来は1886年に像の完成を報じた『郵便報知新聞』が「自由の女神」と訳したことによる。

Q. 何でできているの？
像の表面は薄い銅板。製作時に強度不足が問題になったが、エッフェル塔の設計者である技師エッフェルが鋼鉄製の骨組みを使うことで解決した。

Q. もう一つの自由の女神？
パリのセーヌ河には4分の1サイズの女神像が立つ。これはパリのアメリカ人がフランス革命100周年を記念して返礼として贈ったもの。

リバティ島の
お楽しみ

別冊MAP ● P3D3

自由の女神が立つリバティ島には
ミュージアムやギフトショップ、カ
フェなどもあり、すべて見学する
には混雑していなくても2時間は
必要。時間に余裕をもって行こう。

プランニングのポイント

**時間によってはリバティ島まで
2時間以上かかることも**
当日、チケットを購入することもできるが、
事前に入手しておきたい。フェリーに乗る
までに行列になることも多いので、朝早め
の行動がおすすめ。

**手荷物検査があるので
大きな荷物は注意**
フェリー乗り場には、コインロッカーなど荷
物を預ける場所はない。リバティ島に大き
な荷物を持ち込むことはできないので、必
要最低限の荷物で出かけよう。

女神像の内部を見学

見学アドバイス

事前予約をすれば、女神像の内部に入ることができる。ただし王冠
にある展望台のチケットは6カ月前でないと予約できないほど人
気。王冠のチケットが売り切れでも、台座まで上れるチケットも販
売しているので、できるだけ早く予約するのがおすすめ。

〈チケット購入〉
URL www.statuecruises.com/のトップ画面で、王冠のチ
ケットを買う人は「Crown Reserve Ticket」を、台座まで
のチケットを買う人は「Pedestal Reserve Ticket」を選択。
次に、出発地、人数、希望の日時を入力し、必要事項を入
力すると、登録したメールアドレスに予約内容とチケットが
送られてくる。リバティ島に到着したら、インフォメーション
で登録手続きをする際に写真付きIDが必要なので、パス
ポートを忘れずに。料$24.50 ※台座王冠へのアクセスチ
ケットは$24.80(往復のフェリー乗船代、日本語オーディ
オガイド含む)

王冠へ

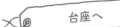

展望台はココ!

女神が左手に持
つ銅板に書かれ
た文字も見える

354段の階段を上って展望
台へ。展望台へ向かうまで
に女神の内部がどうなって
いるか見学することも。

王冠の展望台か
らはこんな景色が
楽しめる

台座へ

展望台はココ!

153段の階段を
上り、徒歩約5
分で行くことが
できる台座の展
望テラス。360
度、抜群の眺め
を楽しめる。

真下から見ること
ができるのは、台
座まで行った人だ
けの特権

and more

**見学後は
おみやげをGET**
ギフトショップは2カ所
あるが、品揃えが充実
しているのはフェリー乗
り場近くの店。自由の
女神がモチーフになっ
たグッズが揃っている。

プチ
情報 リバティ島のフェリー発着所からまっすぐ進んだ突き当たりにビュースポットがある。ダウンタウンの高層ビル群の
ほかエンパイア・ステート・ビルやブルックリン・ブリッジの絶景も一望できる。

ミュージアムで学ぶ

見学アドバイス

リバティ島行きのフェリーチケットに含まれているので、事前予約や見学のためのチケットを購入する必要はない。台座内で保管していた写真や実寸大模型などを展示しているミュージアム。女神像の歴史や仕組みが学べる。

自由の女神ミュージアム 別冊MAP ● P3D3
Statue of Liberty Museum

DATA 交リバティ島フェリー発着所から徒歩3分 ☎(212) 363-3200 料無料（リバティ島へのフェリーチケットが必要）
URL www.nps.gou/stli/planyourvisit/visiting-the-museum.htm

必見！1 📷

実寸大の模型

巨大な模型と記念撮影を楽しみたい！

ミュージアムには、当時の制作風景とともに女神像の左足や左耳、顔などの実寸大の模型が展示されている。どの模型も想像以上の大きさが圧巻！隣に立って写真撮影すると、女神像がどれだけ大きいのかわかりやすい。

必見！2 📷

オリジナルの松明

建設当時の松明も展示。炎の部分は銅板をくりぬいてガラスをはめ込み、中からライトを灯す仕組みになっていた。トウモロコシやタバコの葉を模した装飾が施されている。

必見！3 📷

女神像の模型

王冠展望台へ行けなかった人もミュージアムの模型で女神像の内部を見学。女神像のデザインを決めるために造った模型の一部なども展示する。

マンハッタンの景色はどこで楽しむ？

想像を超える感動体験を求めて
ニューヨークの5大展望台へ

写真映えする展望台が続々登場するニューヨーク。景色を眺めるだけじゃない、+αのお楽しみも
盛りだくさん！それぞれの展望台のよさを事前に確認して目的に合った展望台に行きたい。

注目！1 📷 全米1の展望台へ

ロウアー・
マンハッ
タン

別冊
MAP
P4B2

ワン・ワールド・オブザーバトリー
One World Observatory

ワン・ワールド・トレード・センターの展望台

ワン・ワールド・トレード・センターの100～102階の
3フロアを利用した展望。100階の展望メインフロ
アは360度の円形パノラマで、特にマンハッタンが縦
に細長く伸びている様子がわかる北方面は必見。

> DATA 交Ⓜ️E線WORLD TRADE CENTER駅から徒歩1分、M2・
> 3・4・5・A・C・J・Z線FULTON ST駅から徒歩3～5分、MR・W
> 線CORTLAND ST駅から徒歩3分 住117West St. ☎(1-
> 212) 602-4000 時10～19時(季節によって変わる) ※最終
> 入場は各45分前 休なし 料$39、6～12歳$33、65歳～
> $37、5歳以下無料 URLoneworldobservatory.com

●ココもCheck！

スカイ・ポータル
Sky Portal

直径約4.3mの円形ステージの
上に立つと、透明になった床に
地上の街並
みが映され、
宙に浮いて
いるよう。

シティ・パルス
City Pulse

円形に並んだ10枚の映像パネ
ルを使って、展望台から望む街
のガイドや
観光スポッ
トの解説を
してくれる。

北

展望台はココ！

ビルが林立する、
マンハッタンらしい
風景が一望できる！

西

東

イースト川の向
こうに見えるの
がブルックリン

南

NYで働く人々の
ベッドタウン、ニュ
ージャージー州も

マンハッタン南端が
丸くカーブしている
のがひと目でわかる

プチ
情報

ワン・ワールド・トレード・センターは尖塔まで含めると高さ約541m、アメリカで使用される単位フィートで1776
フィート。この数字はアメリカが1776年にイギリスから独立を宣言したことに由来している。

夜景も必見。
夕暮れは特に
おすすめ

見学アドバイス

〈メイン入口〉
展望台への入口は West St. 沿いの1カ所のみ。だが、ワールド・トレード・センターのメイン入口を入ってすぐチケット窓口があり、10時から営業。

〈チケット購入〉
当日券は空きがなければ購入できないため、観光シーズンはあらかじめチケットを購入しておきたい。チケットは(URL)oneworldobservatory.com)、または窓口で。購入時には国籍を質問される。入場は15分おき。

展望台へ行ってみよう！

A セキュリティ・チェック（地階）

チケット売り場からエスカレーターで地階へ、荷物はすべてX線検査に通される。大きな荷物や飲食物の持込みはNG。17歳以下は大人の同伴が必須。

↓

B エレベーター乗り場（地階）

展望台へのエレベーター乗り場へ移動。途中の大型スクリーンに展望台の入場者数が世界地図とともに日にち別、週別、訪問者の国籍別などで映し出される。

↓

C エレベーター内

壁には周りの風景が見えているかのような映像が流れており、エレベーターが上がっていく階数も表示される。エレベーターは102階に到着。

F 展望メインフロア（100階）

エスカレーターで移動。抜群の眺望が楽しめるほか、ギフトショップもある。101階にカフェ＆バーがあり、100～102階はエスカレーターで自由に行き来できる。

↑

E 展望スペース（102階）

オーディオガイド「Digital sky line guide」$15の貸し出しは102階のみなのでここで借りよう。展望台は100階。

↑

D フォーエバー・シアター（102階）

到着後、スクリーンが置かれたフォーエバー・シアターに通され、約2分間の映像鑑賞。映像終了後、ちょっとしたサプライズが！

---

and more グルメ＆おみやげスポットはココ！

101階 眺望も楽しめるグルメスポット

ワン・ダイン
One Dine

美しい景色を眺めながら、多彩な料理を楽しむことができるレストラン。ランチやディナーは予約を。展望台のチケットとドリンクやフードメニューがセットになったチケットも購入可能（$80～195）。詳しくはHPを確認。

DATA 時10～19時※季節によって変動あり。18%のチップが自動加算

100階 新しいNYみやげ
ギフトショップ

100階にあるギフトショップではTシャツ、キャップ、マグカップなど、ワン・ワールドをモチーフにしたロゴ入りグッズが並ぶ。

1. コルク抜きとワインボトルストッパーの2役こなせるスグレもの
2. 自分で色を塗って送れる、絵はがきとカラーペンのセット $9.95

\ 注目！ 2 📷 スリルを味わう屋外展望台へ /

ミッドタウン・ウエスト　別冊MAP P8A1

エッジ
The Edge

30ハドソン・ヤーズの展望台

2019年にオープンした30ハドソン・ヤーズの100階に位置する展望台。地上340mの高さにある屋外展望台からは、ニューヨークの街を見渡すことができる。レストランやアクティビティも人気。

DATA 交M7線34ST HADSON YARDS駅から徒歩3分 住33rd St, and 10th Ave. ☎(332)204-8500 時10〜21時休なし 料一般入場チケット・大人（13〜61歳）$36〜 URLhttps://www.edgenyc.com

見学アドバイス
〈チケット購入の注意点〉

時間帯によってプラス料金がかかる。エッジの公式HPで事前購入するのがオススメ。日付と時間指定の一般チケットのほか、日付のみ指定のフレックスパスやオプション付きのものも用意。

夜には宝石をちりばめたような景色に引き込まれる

風を感じながら大パノラマを楽しめるスカイデッキ

スカイデッキの階段では反射を気にせず絶景を満喫！

展望台はココ！

ガラスの床は一歩を踏み出すのに勇気がいる

●ココもCheck！

シティ・クライム
City Climb
展望台からさらに161段の階段を登りビルクライムを楽しめる。空中での撮影が話題。（→P29）

ピーク
Peak
エッジ隣接の展望レストラン。展望台の入場料も含まれている。事前予約を忘れずに。（→P28）

  プチ情報 サミット・ワン・ヴァンダービルトは鏡張りの施設なので服装など見学の注意点がいくつかある。行く前に公式HPを確認しておこう。

\ 注目！ 3 📷 映える展望台で唯一無二の体験を /

ミッドタウン・イースト
別冊
MAP
P23D3

サミット・ワン・ヴァンダービルト
SUMMIT One Vanderbilt

ワン・ヴァンダービルトの展望台

グランドセントラル駅に直結する「ワン・ヴァンダービルト」の91〜93階にある展望台。展望台にはさまざまなテーマの部屋があり、展望台の概念を覆すような演出に驚くこと間違いなし。

見学アドバイス

〈チケット購入の注意点〉

鏡の反射や、シースルーの床があるのでパンツスタイルで訪れよう。入場チケットは時間帯や日付によって値段が変動。透明エレベーター「Ascent」付チケットは＄62〜。

DATA 交MS・4・5・6・7線 GRAND CENTRAL-42 ST 駅からすぐ 住45 E 42nd St. ☎(877)682-1401 時9時 〜22時30分 休なし 料一般入場チケット＄42〜 URLhttps://summitov.com

Affinityでは銀色の風船を入れて撮影を楽しもう

サンセットには空の色も鏡に反射し幻想的な雰囲気に

Airでは鏡に囲まれた空間で景色や人が反射する

展望台はココ！

ドリンクを飲みながら景色を楽しめるテラスもある

●ココも Check！

アセント
Ascent

全面透明のエレベーターで369mの高さまで上ることができる。ぐるりガラス張りでスリルは満点
※「Ascent」アクセスチケットのみ利用可能

北

ミッド
タウン

別冊
MAP
P9C1

\ 注目！ 4 📷 NYを代表するランドマーク /

エンパイア・ステート・ビル
Empire State Building

世界一だったこともある摩天楼の象徴

地上102階、高さ443mの高層ビル。1930年3月に着工し翌年5月に完成、以降42年間にわたって世界一の高さを誇っていた。86階と102階に展望フロアがあり、ニューヨーク屈指の夜景スポットとして人気が高い。各展望フロアでは、エンパイア・ステート・ビルのオリジナルグッズも手に入る。

DATA 交MB・D・F・M・N・R・Q・W線34 ST-HERALD SQ駅から徒歩3分　住350 5 Ave. (bet. W.33 & 34 Sts.)　☎ (1-212) 736-3100　時10時～22時（最終入場は21時15分※時期によって変化）　休なし　料$44（102階までは別途$35）
URL www.esbnyc.com

見学アドバイス
〈チケット購入〉
要事前予約。ネットで可能。86階までのチケットと102階まで上れるチケットがあるので目的に合わせて選ぼう。

ミッドタウンのビル群とセントラルパークを一望

102階展望台はココ！

ミッドタウン・ウエストとニュージャージー州を望む

西

東

ミッドタウンイーストとブルックリンが見渡せる

ビルの上部階を照らすイルミネーションの色は日々変化する

南

マンハッタン南端の形がよくわかる。自由の女神も遠くに見られる

プチ
情報
エンパイア・ステート・ビルのイルミネーションの色には意味がある。1976年にアメリカ独立200年を記念して赤・白・青をライトアップしたのが始まり。現在は70近くのバリエーションがあり、スケジュールは公式HPで確認できる。

70階は安全柵のない展望台。ガラスの反射がないので撮影しやすい

\ 注目！⑤ 📷 安全柵のないスペースあり！ /

ロウアー・マンハッタン　別冊MAP P23C1

トップ・オブ・ザ・ロック
Top of the Rock

ロックフェラーセンターの展望台

ロックフェラー・センター(→P31)の中心にあるGEビル最上階の展望台。68〜70階が展望フロアになっており、地上260mからマンハッタンの眺望を満喫できる。エンパイア・ステート・ビルが正面にそびえる南側の景観が圧巻。ロックフェラー・センターの1階と69階にはおみやげショップもある。

DATA 交MB・D・F・M線 47-50 STS-ROCKEFELLER CENTER駅から徒歩2分 住30 Rockefeller Plaza (at W.50 St.) ☎(1-212)698-2000 時9〜23時(最終エレベーターは22時10分) 休なし 料$40〜55(時間帯によって金額変更あり、ザ・ビームは別途$25) URLwww.rockefellercenter.com

展望台はココ！

北

見学アドバイス

〈チケット購入〉
事前にネット予約しておくのがおすすめ。ザ・ビームも体験するなら一緒に予約しておこう。

北側にはセントラルパークが広がる。展望台には望遠鏡も設置

南

ミッドタウンのビル群が一望できる南側

●ココもCheck！

ザ・ビーム
The Beam

2023年12月にオープン。30 Rockefeller Plazaを建設中に不安定な鉄骨の上で11人が昼食を食べている、有名な写真を再現できるアトラクション。体験中に撮影した写真1枚分はザ・ビームのチケット代に含まれている。

エンパイア・ステート・ビルが光る南方向の夜景

ハイライト

5大展望台　エンパイア・ステート・ビル／トップ・オブ・ザ・ロック

マンハッタン最大級の開発プロジェクト

ニューヨークの最旬スポット
ハドソン・ヤーズ

ハイラインの北端にある注目のエリアは外せない！位置やみどころをチェックして新しいエリアを楽しもう。

ミッドタウン・ウエスト　別冊MAP P8A1

ハドソン・ヤーズ
Hudson Yards

開発が進んで新施設が続々オープン

ミッドタウン西岸の開発が進む区画に、オフィス、住宅、商業施設を含む16の超高層ビルが建つ計画で、マンハッタンでも最大級の開発プロジェクト。

DATA　交M7線34 ST-HUDSON YARDS駅から徒歩3分
住33rd St.and 10th Ave.　☎(1-646) 954-3155
時10〜20時（日曜は11〜19時）　休なし

 おすすめ PickUp！

ハドソン・ヤーズのそれぞれのビルにはグルメやショッピングを楽しめるスポットがいっぱい！なかでも20ハドソン・ヤーズにはショッピングモール「ショップ・アンド・レストラン」がありレストランやショップが多数並ぶ。

 ### メルカド・リトルスペイン
Mercado Little Spain

フードコートでグルメざんまい

10ハドソン・ヤーズにある世界的に有名なシェフのホセ・アンドレ氏プロデュースの食の市場。スペイン料理を中心に、さまざまなグルメの店が入る。その場で調理する姿も楽しめる。

DATA ☎(1-646) 495-1242
時11〜22時

各店舗の多彩なグルメを楽しみたい

 ### ピーク
Peak

予約必須の展望レストラン

30ハドソン・ヤーズの101階にある。展望台と同じ高さに位置するので眺望はもちろん、季節に合わせた料理でたくさんの人を魅了している。

DATA ☎(1-332)204-8547時ランチ11時30分〜14時30分、ディナー17〜22時（金・土曜〜22時30分）
食事代に展望台の料金も含まれている。予算はランチ$60〜、ディナー$80〜

 ### ディランズ・キャンディバー
Dylan's Candy Bar

雑貨も人気のスイーツ店

ファッションとアート、ポップが融合した有名キャンディストア。量り売りのキャンディからおみやげとしても人気。20ハドソン・ヤーズにある。

DATA ☎(1-646) 661-6094
時11〜20時（金・土曜〜22時、日曜10〜19時）
かわいらしいパッケージに思わず手がのびてしまう

 ### ライラック・チョコレート
Li Lac Chocolate

マンハッタン最古のチョコレート店

20ハドソン・ヤーズにある1923年創業、マンハッタン発のチョコレート店。ブルックリンにある工場から毎日届くできたてのチョコレートがショーケースに並ぶ。

DATA ☎(1-212) 924-2280
時10〜20時（日曜11〜19時）
ユニークな形のチョコレートにも注目したい

  プチ情報　ベッセル（右ページ上部）は、2024年1月現在外観のみの見学になっている。

観光アドバイス

観光のメインとなる30ハドソン・ヤーズの「エッジ」（→P24）は事前にチケットを購入しておくことがおすすめ。日時指定券と日にち指定券があるので注意。指定時間の前後は20ハドソン・ヤーズの「ショップ・アンド・レストラン」で過ごしたり、ベッセルの前で記念撮影を楽しみたい。

55ハドソン・ヤーズ
55 Hudson Yards

地下2階、地上51階のオフィスビル。眺望を楽しめるテラススペースを設置する。

ベッセル
Vessel

2haの公共広場の真ん中に立つ、階段で構成された16階建ての建造物。トーマス・ヘザーウィック氏により設計。

50ハドソン・ヤーズ
50 Hudson Yards

2022年に竣工。地下3階、地上58階のオフィスビル。西側のロビーにはフランク・ステラ氏のアート作品を展示。地下鉄からも直結で交通アクセスも抜群。

35ハドソン・ヤーズ
35 Hudson Yards

72階建て、308mの複合施設ビルで、137戸からなるコンドミニアム、北米でジムを経営するエクイノックス系列のホテル、小売店および診療所などで構成される。

ハドソン・ヤーズ全体MAP

30ハドソン・ヤーズ
30 Hudson Yards

80階建て、高さ386mの建物は、ニューヨーク市内で3番目の高さを誇る。空中に突き出た三角形の展望デッキ「エッジ」（→P24）が話題。「20ハドソン・ヤーズ」とつながっている。

15ハドソン・ヤーズ
15 Hudson Yards

285戸の住宅を擁するコンドミニアム。建物上層に見られるくびれのようなデザインが注目を集める。文化施設「ザ・シェッド」と下層でつながっている。

ザ・シェッド
The Shed

舞台芸術やパフォーマンス、美術作品の展示など、さまざまな活動が行われる文化センター。

10ハドソン・ヤーズ
10 Hudson Yards

ハドソン・ヤーズのなかで最初に完成した建物。52階建て、高さ273mのオフィスビル。ハイラインをまたぐように建てられている。「20ハドソン・ヤーズ」とつながっている。

20ハドソン・ヤーズ
20 Hudson Yards

「ショップ・アンド・レストラン」とよばれる話題のショップと人気のレストランが並ぶ7階建てのモール。

and more
エッジのスリルと絶景がさらに楽しめるアクティビティに注目！

シティ・クライム
City Climb

30ハドソン・ヤーズの展望台「エッジ」（→P24）から外の階段を上り、頂上でニューヨークの景色を楽しめるアクティビティ。一生忘れられない体験に！

DATA ☎(1-332)204-8500 時10時45分～13時45分（変動あり）休なし 料\$185～（エッジの入場料を含む、13歳以上※身長、体重の制限あり）

サービスのビデオ撮影で体験の様子を残してもらえる

ニューヨークらしい風景を探して

ランドマークめぐり
inマンハッタン

映画やドラマにもたびたび登場するマンハッタンのランドマーク。必ず訪れたいスポットをめぐる、おすすめコースはこちら。撮影アドバイスを参考に記念撮影を。

Walking Route

1 5番街
　　徒歩2分

2 セント・パトリック大聖堂
　　徒歩3分

3 ロックフェラー・センター
　　徒歩10分

4 グランド・セントラル駅
　　地下鉄15分

5 ウォール街
　　徒歩15分

6 ブルックリン・ブリッジ

ルート解説
スタートはⓂE・M線 5AV/53ST駅から。グランド・セントラル駅でⓂ4・5線に乗りWALL ST駅へ。ウォール街からブルックリン・ブリッジまでは徒歩圏内。時間があれば対岸まで渡ってみよう。

1.ゴシック様式の建築内部の装飾は見事で、特にステンドグラスが美しい
2.正面入口は5番街に面している

---

1 別冊MAP P25C2〜4 5番街
5th Avenue

摩天楼を代表するショッピング街
散策のスタートは高級感あふれる5番街から。特に48〜59丁目の間は世界の高級ブランドショップが並ぶ繁華街。アメリカンブランドの本店をはじめ、世界の一流店を眺めながらウインドウショッピングを楽しもう。

DATA　交ⓂE・M線5 AV/53 ST駅からすぐ

1.市の中心を南北に貫く。多くのショップは10時ごろに開店
2.通り名のサインボード

1

---

2 別冊MAP P25C4 セント・パトリック大聖堂
St. Patrick's Cathedral

荘厳なゴシックの殿堂
全米最大級のカトリック教会。1858年から半世紀にわたって建設されたゴシック・リバイバル様式の建物で、直径8mにも及ぶバラ窓をはじめ、ゴシックの建築美が見事。5番街に面した9tもの青銅の正面扉にはニューヨークにまつわる聖人たちが刻まれている。

DATA　交ⓂE・M線5 AV/53 ST駅から徒歩3分　住5th Ave.(bet. E.50 & 51 Sts.)　☎(1-212)753-2261　時8時30分〜17時　休なし

プチ情報　ブルックリン・ブリッジは2層構造になっており、下は車と自転車が通る道、上は歩いて渡れるように歩道になっている。レンタサイクルなど自転車を利用する場合は注意。

3 ロックフェラー・センター
別冊 MAP P23C1
Rockefeller Center

19のビルが並ぶ複合施設

東西は5〜6 Ave.、南北は48〜51 St.の間に19のビルが並ぶ。トップ・オブ・ザ・ロック(→P27)のあるGEビルをはじめ、ラジオ・シティ・ミュージック・ホールなどのスポットがあり、観光客で賑わっている。11月下旬ごろに設置されるクリスマス・ツリーも有名。

DATA 交MB・D・F・M線 47-50STS-ROCKEFELLER CENTER駅からすぐ

📷 撮影Advice
GEビルを撮影するならロウアー・プラザの東側の5 Ave.からがベスト。プロムナード越しにビルの屋上までを撮影できる。

GEビルの東側にあるロウアー・プラザは毎年10月下旬〜4月上旬にかけてスケートリンクになる

4 グランド・セントラル駅
別冊 MAP P23D2
Grand Central Terminal

鉄道全盛期の名残が見られる

マンハッタンに3つあるターミナル駅の一つで、最大規模を誇る。1871年に開業し、1913年に現在のボザール様式の建物に改装された。2500個もの電球で星座を描いたコンコースの天井は必見。地下にはフードコートもある。

DATA 交M4・5・6・7・S線 GRAND CENTRAL-42 ST駅からすぐ

📷 撮影Advice
コンコース全体を撮るなら東西にある階段上のバルコニーからがベスト。

1. 広々としたコンコース
2. 42丁目側の正面入口

5 ウォール街
別冊 MAP P5C3
Wall Street

数々の歴史舞台となった経済の中心地

銀行や証券などさまざまな金融機関が集まり、世界経済の中心地的役割を担っている。1929年のウォール・ストリートの大暴落など歴史的な出来事の舞台となり、映画などにもたびたび登場。通勤時間帯はビジネスマンが闊歩するが、観光客の姿も多い。

DATA 交M2・3・4・5線 WALL ST駅からすぐ

金融街であると同時に観光名所でもあるので、昼間は観光客の姿も多い

6 ブルックリン・ブリッジ
別冊 MAP P5D2
Brooklyn Bridge

幾何学的なワイヤーワークは必見

マンハッタンとブルックリンを結ぶ橋。1883年に完成した世界最初の鋼鉄のワイヤーによる吊橋で、その幾何学的な美しさから「スティール・ハープ」ともよばれる。徒歩でも通行できる橋の上からはマンハッタンの摩天楼を望むことができる。

DATA マンハッタン側から：交M4・5・6線 BROOKLYN BRIDGE CITY HALL 駅から徒歩1分 ブルックリン側から：交MA・C線 HIGH ST駅、MF線 YORK ST駅から徒歩5分。橋とProspect St.が交わるところに橋上に上る階段がある

木道だが揺れはまったくなく快適に歩ける

📷 撮影Advice
橋の向こうにマンハッタンのビル群が見えるように撮るなら順光になる午前中に。その場合はブルックリン側から歩き始めるのがいい。

ハイライト ランドマークめぐり

時間を忘れてゆっくり散策
ハイラインで空中散歩を楽しむ

貨物船の廃線跡を再開発して誕生した線状の公園・ハイライン。全長2.33kmの一本の遊歩道からは、地上とは違う目線で街並みを眺めることができる。

ミート・パッキング・ディストリクト｜別冊MAP P20A1〜4

ハイライン
High Line

大都会でのんびり過ごそう

1930〜80年代まで、貨物列車専用の鉄道路線として使われていた高架線。廃線になっていたが、市民の声をきっかけに2009年、遊歩道の続く公園として生まれ変わった。2014年9月にすべての工事が終了し、ガンズヴォート通りから西34丁目までを結ぶ高さ9m、全長2.3kmの空中公園が完成した。

> DATA 交MA・C・E線14 ST駅からW.14 St.の入口まで徒歩8分、C・E線23 ST駅からW.23 St.の入口まで徒歩10分、A・C・E線34 ST PENN STATION駅からW.34 St.の入口まで徒歩10分 住Gansevoort St.〜 W. 34 St. ☎(1-212) 500-6035 時7〜20時 休なし URL www.thehighline.org

アクセスmemo

ハイラインへのアクセスポイント（入口）は2〜3ブロックおきに12カ所あり、地下鉄駅からのアクセスが便利なのは14丁目、23丁目、34丁目(2023年12月現在閉鎖中)の3カ所。エレベーターが設置されているアクセスポイントはガンズヴォート通り、14丁目、23丁目、30丁目の5カ所のみ。混雑時はガンズヴォート通り以外の入口が閉鎖されることもある。

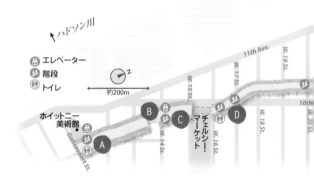

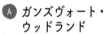

A ガンズヴォート・ウッドランド
Gansevoort Woodland

ハイラインの南端に位置する。遊歩道の中央に線路がそのまま保存され、草花が生い茂る前方には歴史的建造物を改装したオフィスビル、ハイライン・ビルディングがそびえる。

B スタンダード・ホテル
The Standard Hotel 別冊MAP●P20A4

ハイラインをまたぐようにして立つ、20階建てのスタイリッシュなホテル。全客室、床から天井まで全面ガラス窓で、ハイラインとハドソン川の景色を楽しめる。1階のレストランや屋上にあるバーは業界人やクリエイターからも評判が高い。

> DATA 交MA・C・E線 14 ST駅から徒歩10分 住848 Washington St. (at W.13 St.) ☎(1-212) 645-4646 料スタンダード $225〜

1.客室は白を基調にしたシンプルスタイル 2.ガンズヴォート・ウッドランドからの眺め

プチ情報 ハイラインの北端はハドソン・ヤーズとつながり、南端からはホイットニー美術館やリトル・アイランドにアクセスしやすい

C サンデック・ウォーター・フィーチャー・アンド・レイル・プリザーブ
Sundeck Water Feature and Rail Preserve

日光浴に最適なサンデッキが並ぶ、ハイラインでも人気のスポット。通りの西側からはハドソン川の美しい夕景を見渡せる。

D 10番街スクエア
10th Avenue Square

ハイラインで最も広い場所で、階段状の展望席からガラス越しに10番街を見下ろせる。高架下を走る車を眺めながらゆったりとくつろごう。

E チェルシー・シケット
Chelsea Thicket

線路があったときの景観をイメージしてさまざまな草花が植えられたエリア。四季折々の花を楽しめる。

H ワイルドフラワー・フィールド
Wildflower Field

橋の両側にある線路に並ぶように自生したセダムやリアトリスなどの植物が、一年中楽しめる。公式サイトで見頃を迎える草花を公開しているので、興味がある人はチェックしてみよう。

2023年12月現在閉鎖中

11th Ave.

34 ST-HUDSON YARDS Ⓜ

ハドソン・ヤーズ

W.23 St. W.25 St. W.27 St. W.29 St.

G H I

10th Ave.

W.24 St. W.26 St. W.28 St. W.30 St. W.31 St. W.33 St. W.34 St.

チェルシー・パーク

I ラディアル・ベンチ
Radial Bench

橋沿いに設置された木製の長いベンチ。ハドソン川に向かってゆるやかなカーブを描くベンチは、散策の休憩にぴったり。

F 22丁目シーティング・ステップス
22nd Street Seating Steps

レンガでできた階段式のベンチと芝生が生い茂る憩いの場。芝生の上で読書をしたり、ベンチで会話に興じるニューヨーカーの姿も。

G フライオーバー
Falcone Flyover

ビルとビルの間に挟まれた高架道。建設以前から自生する植物をそのまま残し、環境を考慮して設計された。遊歩道から少し分岐した場所から、周辺の街並みを見下ろせる。

市内外問わず多くの人が訪れる！

リトル・アイランドで のんびり癒やしの時間を

ニューヨーカーに人気の都会のオアシスでお散歩しながら心も体もリフレッシュ。
都会の人混みに疲れたら訪れたいスポット、ナンバーワン！

 ミート・パッキング・ディストリクト　別冊 MAP P8A4

リトル・アイランド
Little Island

川沿いの休憩スポットへ

2021年5月にオープンしたチューリップ形の支柱がユニークな水上公園。ハドソン・ヤーズのベッセル（→P29）と同じ、トーマス・ヘザウィックがデザインした公園としても注目を集めている。公園内には季節の花々が咲き、芝生でアクティビティやピクニックを楽しむ人も多い。軽食を販売する店もあり、ゆっくりと過ごすことができる。

DATA 交MA・C・E・L線14St駅から徒歩8分 住Pier 55 in Hudson River Park(at 13th St.) ☎なし 時6〜21時 休なし

1. 水上に浮かぶ珍しい公園 2. 個性的な形をした目を引く支柱が話題。支柱の下をくぐりながら観察しよう 3. 散策ルートでは白と黒のぐるぐるアートが 4. 階段を上って展望スポットへ。ワン・ワールド・トレードセンターや自由の女神も見える 5. 子どもが気に入りそうなちょっとした遊具も設置

リトル・アイランドはここにあります！

形が面白い！

3

目が回りそう

2

 ## ハドソン・リバー・パーク
Hudson River Park

球技場や、スケートパーク、遊具などもあり体を思いっきり動かせる公園。川沿いで景色もよいのでピクニックをしたり公園内の飲食店を利用するのも◎。

DATA 交M1線Christopher St駅から徒歩8分 住Chambers St.から59丁目まで ☎(1-212) 242-6427 時6時〜翌1時※場所によって異なる 休なし
別冊MAP ●P8A3〜P6A3

1. 早朝には犬の散歩をする人も多い
2. 芝生広場やベンチがあり思い思いの時間を過ごせる

 プチ情報 ハイラインの南端を降り、ハドソン川沿いを歩くとリトル・アイランドにたどり着く。ハイラインからリトルアイランドまでの途中にはホイットニー美術館もある。

24時間眠らないエンタメの中心地

ネオンの光が写真映え
タイムズ・スクエアに行きたい

ブロードウェイの劇場街のすぐそばに位置する広場には、世界中の人々が集まり、朝から晩まで活気づく。季節限定のイベントやアート展示も目が離せない！

ミッドタウン・ウエスト　別冊MAP P22B3

タイムズ・スクエア
Times Square

ブロードウェイと7th Ave. が交差する42nd〜47th St. あたりまでの三角形のエリア。1904年に『ニューヨーク・タイムズ』のオフィスビルが建てられたことから名付けられた。周辺は多くのミュージカルを上演する劇場街でもあり、数々の映画の舞台になった景色を楽しめる。

DATA 交M1・2・3・7・N・Q・R・S・W線 TIMES SQ-42 ST駅から徒歩1分

世界中から観光客が集まるNYの必訪スポット

ここに注目！

① 歩行者天国を散策

7番街とブロードウェイが交差する付近の歩行者天国が拡張！ベンチが置かれ、くつろげるスペースが増加した。混雑していたW.40th St.〜W.42nd St.間の7番街沿いの歩道も広くなり歩きやすくなった。

歩行者天国にはベンダーも出ていて休憩にぴったり

② 名物階段で記念撮影

赤い階段「RUBY-RED STAIRS」に上って撮影すると46th St.と7th Ave.の交差点にあるダッフィー牧師の像と突き当たりのビルが入りニューヨークらしい写真が撮影できる。

日が暮れた後の光り輝くネオン街がフォトジェニック

③ 季節のイベントもいっぱい

一年中賑わうタイムズスクエアでは季節ごとのイベント時にはさらに盛り上がる。新年のカウントダウンのほか、夏にはヨガイベント、バレンタインにはパブリックアートの展示も。

新年のカウントダウンは世界中から新しい年を祝いに人々が集まる

④ 数々の映画の重要シーンに

「世界の交差点」といわれるこの地はさまざまな映画のロケ地として使われている。訪れる前に映画をチェックしておきたい。

タイムズ・スクエアが舞台の映画
・『スパイダーマン』(2002年)　・『魔法にかけられて』(2007年)
・『ニューイヤーズ・イブ』(2011年)
・『バードマンあるいは（無知がもたらす予期せぬ奇跡）』(2014年)

人気の最新スポットをここでチェック!

今行きたい!
新しいエンタメスポットへ

常に進化し続けるニューヨークの街には誰もが楽しめるユニークなスポットが続々登場。
話題のショップや映像で楽しむライド系アトラクション、ファン待望の博物館までをご紹介!

ミッドタウン・ウエスト ｜ 別冊MAP P22B2

ミュージアム・オブ・ブロードウェイ
The Museum of Broadway

ミュージカル好き必見の施設がオープン

2022年11月にオープンした、ミュージカル作品のアーカイブを楽しみながらブロードウェイの歴史や文化を学べる博物館。1～3階まであり1700年代から500もの作品を紹介。ミュージアム内にはオリジナルグッズなどを販売するミュージアムショップも。

DATA 交M1・2・3・7・N・Q・R・W・S線Times Sq-42 St駅から徒歩5分 住145W.45thSt ☎(1-212)239-6200 時9時30分～18時30分(土曜～20時)※季節によって変更あり 休なし 料シングルチケット$38～($39＋サービス料$4)※9時～18時30分の間で15分刻みの入場時間指定あり

 ここに注目!

1 バックステージを再現

演者だけでなく、スタッフの動きも学べる

1階ではリハーサル室や楽屋などが再現され演者になったような気持ちで各コーナーをまわり、バックステージの様子を知ることができる。
メイクルームでは、鏡に貼られている紙にも注目したい

2 憧れのセットで撮影

劇中に登場するセットで写真撮影することも可能。憧れのシーンを真似てポーズをとれば思い出の1枚になること間違いなし。
ウエスト・サイド・ストーリーのコーナーにはドクのドラッグストアが再現!

3 衣装や小道具を間近で見られる

良席でも細部の装飾までチェックするのは難しい。物語のキーポイントになる小道具などをじっくり楽しめるのはミュージアムならでは。
実際の舞台で使われていたものが見られるのもうれしい

4 オリジナルグッズをゲット!

上演中の作品はもちろん、ミュージアム限定のグッズも用意。小物からアパレルまでが揃いおみやげにもおすすめ。

(グラマシー) **別冊 MAP P21A2**

ハリー・ポッター・ニューヨーク

Harry Potter New York

NYでハリー・ポッターの世界を体感！

世界で初めてオープンしたハリー・ポッターの公式フラッグシップストア。店内にはフォトスポットが点在し、ここだけの限定グッズも販売する。魔法の杖を販売するコーナーや、バタービールバーも注目を集めている。

DATA　交MR・W線23 ST駅から徒歩9分　住935 Broadway　☎なし　時9～21時（日曜～19時）　休なし

1. おもちゃからアパレルグッズまで大人も子どもも大満足の品揃えがうれしい　2. 店内には映画に登場した小物も展示している。本物の魔法の杖も　3. 店内だけではなく、外観もこだわっているので外で写真撮影する人も多い　4. バタービールバーにはフォトジェニックなイートインスペースもある。テイクアウト利用もOK

(ミッドタウン・ウエスト) **別冊 MAP P22B2**

ライズニューヨーク

Rise NY

タイムズスクエアの新しいアトラクション

ヘリコプターでニューヨークの名所を巡っているような体験ができるアトラクションが誕生。水しぶきやハラハラするシーンもあり大人も子どもも楽しめる。ニューヨークの歴史やエンタメが学べる展示もある。観光の中心地、タイムズスクエアにあるので、観光の合間に訪れたい。

DATA 交M1・2・3・7・N・Q・R・W・S線TIMES SQ 42 St駅から徒歩5分　住160 W 45th St.　☎(1-718)701-4998　時10～18時（金・土曜～20時）　休なし　料大人＄28～

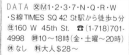

1. ニューヨークやタイムズ・スクエアのドキュメンタリー映像も　2. 自由の女神の手とネオンサインが目を引く　3. まるで空を飛んでいるような感覚に

日本人選手も活躍した

4大プロスポーツ・リーグ
スタジアム・ガイド

世界トップレベルのスポーツが観戦できるニューヨーク。白熱した地元チームの試合が繰り広げられるスタジアムへ足を運んで、本場のスポーツを体感しよう！

行く前に Check

チケットの購入方法

❶ インターネット

各チームの公式サイトからチケット販売ページへアクセスできる。ただし、トラブル防止のため、必ず確認書を印刷して持っていこう。

●ニューヨーク・ヤンキース
URL www.mlb.com/yankees
●ニューヨーク・メッツ
URL www.mlb.com/mets
●ニューヨーク・ニックス
URL www.nba.com/knicks/
●ブルックリン・ネッツ
URL www.nba.com/nets/
●ニューヨーク・ジェッツ
URL www.newyorkjets.com
●ニューヨーク・レンジャーズ
URL www.nhl.com/rangers
●ニューヨーク・アイランダース
URL www.nhl.com/islanders
●ニューヨーク・ジャイアンツ
URL www.giants.com

❷ 代行業者に依頼

一般には入手不可能な年間指定席を手配してくれる。料金は相場制のため定価より高い金額になるので注意。なかには日本語が通じる業者もいる。

●オール・アメリカン・チケッツ
（日本語）
URL www.allamerican-tkt.com

❸ 現地で購入

ほとんどの会場で当日券が販売され、ソールドアウトということはめったにない。ただし、注目カードは前売りの段階で売り切れている場合があるので注意しよう。

※P38～39の商品写真はイメージです

·MLB 野球

リーグ随一の人気球団ヤンキースとライバルのメッツの対戦"サブウェイシリーズ"は大きな盛り上がりをみせる。シーズンは3月下旬～9月。

ニューヨーク郊外	別冊 MAP P2A3

ニューヨーク・ヤンキース
New York Yankees

メジャーリーグを代表する名門球団

ワールドシリーズ制覇27回、出場40回の実績と伝統から、他球団とは別格の存在である名門チーム。かつては松井秀喜やイチロー、田中将大らの日本人選手が在籍していた。

【本拠地：ヤンキー・スタジアム】 3
Yankee Stadium
2009年に隣の旧スタジアムに代わって開場した球場。5万2000人超の観客を収容できる。

DATA 交 M 4・B・D 線 161 ST Yankee Stadium 駅から徒歩1分
1.ロゴ入りマグカップ $14.99～
2.レトロタイプのTシャツ $29.99～
3.15億ドルで造られた新球場

ニューヨーク郊外	別冊 MAP P2A1

ニューヨーク・メッツ
New York Mets

オールスター級の選手が揃うヤンキースのライバル

野茂英雄、新庄剛志など多くの日本人選手が活躍したことでも知られるチーム。NYを本拠地に置き、ニューヨーク・ヤンキースのライバル的存在として知られるオールスター軍団。

【本拠地：シティ・フィールド】
Citi Field
ブルックリン・ドジャース時代の本拠地だった球場をイメージして2009年に完成した新球場。

DATA 交 M 7 線 METS-WILLETS POINT 駅から徒歩1分

ニューヨークのクイーンズ地区にある

プチ情報 NYにはまだまだ観戦できるスポーツがいっぱい。その一つがサッカーで、NYを本拠地としているプロサッカーチームには「ニューヨーク・レッドブルズ」と「ニューヨークシティ・フットボールクラブ」がある。

・NBA バスケットボール

身長2mを超える大男たちが熱戦を繰り広げ、ダンクやスリーポイントシュートなど迫力のあるプレーが見られる。シーズンは10〜4月。

ミッドタウン　別冊MAP P8B1

ニューヨーク・ニックス
New York Knicks

新戦力加入で復活の古豪

NBA創設時からリーグに参加している名門チーム。近年成績が低迷していたが、若手選手の活躍もあり、今後の躍進に期待がかかる。

【本拠地：マディソン・スクエア・ガーデン】
Madison Square Garden
1968年に完成。「世界一有名なアリーナ」といわれ、選手やファンからは聖地ともよばれる。

- - - - - - - - - - - - - - - - - - - -
DATA 交M1・2・3・A・C・E線 34 ST-PENN STATION駅からすぐ
1.ペナント $12.95〜は観戦の記念に　2.ファンならかぶりたいキャップ $29.99〜　3.ペンシルバニア駅の上にあり、好アクセス

ブルックリン　別冊MAP P3D2

ブルックリン・ネッツ
Brooklyn Nets

ブルックリンにて生まれ変わった新生ネッツ

2012年、ニュージャージーから本拠地を移し、「ブルックリン・ネッツ」に。ノア・クラウニー選手やダリーク・ホワイトヘッド選手など若手の成長が注目される。

【本拠地：バークレイズ・センター】
Barclays Center
10億ドルの費用と約2年の歳月をかけて建てられた。スタイリッシュな雰囲気で話題のスタジアム。

- - - - - - - - - - - - - - - - - - - -
DATA 交M2・3・4・5・B・Q・N・D・R線 ATLANTIC AV-BARKLAYS CTR駅からすぐ
1.ファンで賑わう「ネッツ・ショップ」　2.命名権は20年契約で460億円

・NFL アメリカンフットボール

アメリカでは野球をしのぐ人気スポーツで現在は32チームが参加。優勝決定戦のスーパーボウルは一大イベントとなる。シーズンは9〜1月。

ニュージャージー　別冊MAP P2B4

ニューヨーク・ジェッツ
New York Jets

チーム名のように力強いパフォーマンス

ジェット機のように力強くという意味をネームに込めた、アメフト界を代表する古豪。グリーンと白のユニフォームからギャング・グリーンのニックネームをもつ。

【本拠地：メットライフ・スタジアム】
MetLife Stadium
ニュージャージー州に位置し、ジェッツとニューヨーク・ジャイアンツ2チームの本拠地。

- - - - - - - - - - - - -
DATA 交ニュージャージー・トランジット THE MEADOWLANDS SPORTS COMPLEX駅から徒歩1分

試合がある日はニュージャージー・トランジットが通り、アクセスも抜群

・NHL アイスホッケー

強化ガラス1枚のみで仕切られている試合会場では、至近距離で行われる選手のスティックさばきやクラッシュに圧倒。シーズンは10〜4月。

ミッドタウン　別冊MAP P8B1

ニューヨーク・レンジャーズ
New York Rangers

伝統と人気を兼ね備えた実力派

NHLのなかで最も長い歴史をもち、年々、観戦チケットが高額になっていく人気チーム。1994年を最後に優勝から遠ざかっているが、近年では、攻撃面の強化に力を入れて選手を集め、注目度が増している。

【本拠地：マディソン・スクエア・ガーデン】
Madison Square Garden

- - - - - - - - -
DATAはニューヨーク・ニックスの欄を参照

1.チームロゴのシール $3.99〜　2.ファン垂涎のレプリカユニフォーム $175〜

憧れのヒロイン気分になれる！？

NYが舞台のドラマ&映画

ドラマや映画に登場することが多いNYの街並み。街を歩けば見覚えのある光景に出合うことができる。憧れのロケ地をめぐって、あの感動をもう一度！

ゴシップガール
Gossip Girl
アッパー・イースト・サイドに住むセレブな高校生たちの恋愛物語。酒、ドラッグ、セックスなど、彼らの奔放でオシャレな生活が描かれている。セントラル・パークはデートシーンなどで、メトロポリタン美術館の正面階段は友人たちと会話するシーンでたびたび登場した。

\ロケ地はここ！
●セントラル・パーク（DATA→P90）
●メトロポリタン美術館（DATA→P108）

セックス・アンド・ザ・シティ
Sex and the City
恋も仕事もバリバリこなす4人の女性、キャリー、シャーロット、サマンサ、ミランダが、セックスや恋愛、結婚など、大人の女性の本音をさらけ出すスタイリッシュ・コメディ。キャリーお気に入りのカップケーキとしてマグノリア・ベーカリーが登場。

\ロケ地はここ！
●キャリーの家（別冊MAP●P17A1）
●マグノリア・ベーカリー（DATA→P80）

プラダを着た悪魔
The Devil Wears Prada
ジャーナリストを目指すアンディは、有名ファッション誌の名物編集長のアシスタントに。彼女の横暴に耐えつつ、ファッション業界の仕事を学ぶ。アンディが働く出版社は12216 Ave.にあるマクグロウ・ヒル・ビル。最初に面接に訪れるシーンから劇中で何度も登場。

\ロケ地はここ！
●ラジオ・シティ・ミュージック・ホール
DATA 交MB・D・F・M線47-50STS-ROCKEFELLER CENTER駅から徒歩1分 住1260 6 Ave. (bet. W.50 & W.51 Sts.)別冊MAP●P24B4

ティファニーで朝食を
Breakfast at Tiffany's
玉の輿を夢見てNYで奔放に暮らすホリー。同じアパートに住む作家志望のポールは、ミステリアスなホリーに次第に魅かれていく。劇中ではオードリー・ヘプバーン演じるホリーがティファニーの本店を背景にデニッシュを食べるシーンが印象的。

\ロケ地はここ！
●ティファニー（DATA→P42）

気分を盛り上げる 必見！おすすめ映画
古くから映画のロケ地として数々の作品に登場してきたニューヨーク。話題になった作品を集めてみました。

1972年 ゴッドファーザー	2006年 ワールド・トレード・センター
1976年 タクシードライバー	2008年 アイアンマン
1984年 恋に落ちて	2010年 ブラック・スワン
1988年 ビッグ	2012年 アベンジャーズ
1990年 ゴースト ニューヨークの幻	2013年 はじまりのうた
1992年 ホームアローン2	2014年 ニューヨーク 眺めのいい部屋 売ります
1994年 レオン	
2001年 セレンディピティ	2017年 オーシャンズ8
2002年 スパイダーマン	
2006年 ナイト・ミュージアム	

Topic 2

おかいもの
Shopping

ハイエンドからコンテンポラリーまで
まずは最新NYモードをチェック。
グルメやコスメなど、おみやげ探しも忘れずに。

※掲載の商品はすべて参考商品です

ファッションの世界をリードするNYブランドをピックアップ

NY生まれのブランドは
本店&フラッグシップ店で

世界でも名高いNYブランドの本店&フラッグシップ店は、一度は訪れたい憧れの場所。
その店ならではの充実した品揃えと、セレブ感あふれる雰囲気を味わいに行こう。

1

2

3

4

ミッドタウン 別冊 MAP P25C3

ティファニー
Tiffany & Co.

1. ティファニー　アトラスコレクション $1475～
2. カレイドスコープ　キー $6950～　　3.5番街に面したエントランス　4. トートバッグ各 $1550～

映画でおなじみ5番街のシンボル

映画『ティファニーで朝食を』(→P40) のロケ地
として一躍有名になった、高級ジュエリーブラン
ド。現在は5番街のシンボル的存在で、NYの
観光名所としても親しまれているほど。アール
デコ調のエントランスが美しい本店には、定番
のエンゲージメントリングからダイヤモンドジュ
エリー、テーブルウェアやレザー商品まで揃う。

DATA　交MN・R・W線5 AV/59 ST駅から徒歩
5分　住727 5 Ave. (at E.57 St.)　☎ (1-212)
755-8000　時10～20時 (日曜は11～19時)　休
なし

街なかにもティファニーデザイン

グランド・セントラル駅 (→P31) の正面玄関の上にあるの
は、世界最大級のティファニー製ステンドグラス時計。その
ほかメトロポリタン美術館 (→P108) やルーズヴェルト・ホ
テル (別冊MAP● P23D2) など、街のいたるところにティ
ファニー製品が飾られているのはニューヨークならでは。

ヘラクレスな
ど三大神の彫
刻が時計の周
りを取り囲む。
グランド・セン
トラル駅

プチ情報　ティファニー本店の6階にあるのは、サイズ直しや修理をお願いできるカスタマーサービスフロア。日本で購
入した商品でも、ティファニー製ならクリーニングしてくれるサービスも。

and more… 有名ブランドの本店＆フラッグシップ店

1日ではまわりきれないほどあるNYの本店＆フラッグシップ店。幅広い品揃えや最新コレクションが揃う、魅力的なお店をPICK UP！

アバクロンビー＆フィッチ（Abercrombie & Fitch） 別冊MAP●P25C4
ラルフ・ローレン（Ralph Lauren） 別冊MAP●P13C3
ハリー ウィンストン（Harry Winston） 別冊MAP●P25C3

1

2

3

4

ミッドタウン 別冊MAP P25C3
コーチ
Coach

1. 肩がけでも使えるレザーバッグ $495～ 2. 使い勝手のよいトートバッグ $350～ 3. 毎月最新作にアップデートされるウインドーディスプレイ 4. レガシーのボストン $550～

本店ならではの多彩な品揃え

日本でも愛用者が多い、アメリカの革製品ブランド。定番のコーチのトレードマークである「C」のモノグラムアイテムをはじめ、'70年代のデザインを復刻させたコーチ・クラシックシリーズなどレディース、メンズともに充実した品揃え。カジュアルからフォーマルにも合わせやすいラインナップは、幅広い年齢層から支持されている。

DATA 交MN・R・W線5 AV/59 ST駅から徒歩6分 住685 5 Ave. ☎(1-212)785-2450 時10～20時（日曜は11～19時）休なし

セレブにも愛されるコーチ

NYのセレブやファッションモデルも愛用していることが多いコーチのアイテム。最近はポップで遊び心のあるデザインも増え、新たなコーチファンも増加中。最新トレンドと合わせたファッショナブルなコーディネートにも注目してみて！

1. クラシックコレクションのシティバッグを持つミランダ・カー
2. エヴァ・ロンゴリアが使うレガシー・ダッフル

ソーホー 別冊 MAP P18B2

ラグ＆ボーン
Rag & Bone

セレブも愛用する着心地抜群ウエア

2人の英国出身デザイナーが手がけるアメリカンブランド。ジーンズをメインに、着心地のよいクラシカルなアイテムが揃い、ハリウッドセレブの愛用者も多い。デザイン性の高いレディースとメンズの両方を展開する店舗も。

> DATA 交MR・W線PRINCE ST駅から徒歩2分 住119 Mercer St. (bet.Prince&Spring Sts) ☎ (1-212)219-2204 時11～19時 休なし

1.シンプルながらラグジュアリー感漂う店内 2.ジャケット$298～ 3.クラッチバッグから使い勝手のよい大きめトートまで、バッグの品揃えも豊富 4.カラフルなNYCのアートが目印

ソーホー 別冊 MAP P18B2

トリー バーチ
Tory Burch

フラットシューズで話題の有名店

TVドラマ『ゴシップガール』(→P40)での衣装協力により、一躍話題となった有名店。デザイナーの邸宅をイメージした店内には、人気のフラットシューズをはじめ、限定モデルやスペシャルコレクションのバッグ、ウエアも豊富に揃う。

> DATA 交MB・D・F・M線BROADWAY LAFAYETTE駅から徒歩3分 住151 Mercer St. ☎ (1-917) 261-7172 時11～19時(木～土曜は～20時) 休なし

1.洗練されたデザインの外観 2.数カジュアルなコーデにも合わせやすいバッグもある3.ブランドのロゴマークが印象的なバッグ。人気のバッグや定番フラットシューズは必見。新作や日本未発売モデルも要チェック

 まめちしき 3.1フィリップ・リムやマーク・ジェイコブスなど、NY生まれのブランドが春夏(2月初旬)と秋冬(9月初旬)に新作を発表する「NYコレクション」。本店&フラッグシップ店には、ここで発表されたアイテムがいち早く並ぶ。

ソーホー　別冊 MAP P18B3

ケイト・スペード・ニューヨーク
Kate Spade New York

ラインナップ充実でトータルコーデ

日本でも根強い人気のNYの定番ブランド。バッグやシューズ、ウェアに加え、文房具やめがね、インテリアなど、バラエティに富んだラインナップが魅力。華やかなカラーのほか、クラシカルな模様のアイテムも人気を集めている。

DATA　交M6線 SPRING ST駅から徒歩5分　住454 Broome St.　☎(1-212) 274-1991　時11〜18時(金・土曜は〜19時)　休不定休

1.ゴージャスな雰囲気が漂う
2.チャンキーヒールのサンダルはスエード素材でシックな足元に
3.鮮やかなピンクが印象的なレザーバッグ　4.大胆なフラワー刺繍がアクセントのデニムスカート

ミート・パッキング・ディストリクト　別冊 MAP P20A3

ダイアン・フォン・ファステンバーグ
Diane Von Furstenberg

美しいシルエットのドレスが魅力

1973年に発表したラップドレスでファッション界を席巻し、その後も着物風ドレスやインドのサリーを模したドレスを次々に発表している。ダイアン自身も業界のミューズ的存在として君臨している。フェミニンでノーブルなデザインが特徴。事前に要予約。

DATA　交MA・C・E線 14 ST駅、L線 8 AV駅から徒歩5分　住874 Washington St. (bet. W.13 & W.14 Sts.)　☎(1-646) 486-4800　時11〜19時(日曜は〜18時)　休なし

光がたっぷりと入る明るく開放的な空間。バッグやシューズなども展開

イースト・ビレッジ　別冊 MAP P7C2

3.1フィリップ・リム
3.1 Phillip Lim

女性らしいコーディネートが揃う

多くの女性から絶大な人気を誇るアジア系デザイナー、フィリップ・リムのフラッグシップ1号店。シンプルながら、かわいらしさも併せもつデザインは、普段使いにも重宝しそう。裏地にシルクを使うなど生地にもこだわりが感じられる。

DATA　交M6線BLEECKER ST駅から徒歩5分　住48 Great Jones St. (bet. Lafayette St. & Cooper Sq.)　☎(1-212) 334-1160　時11〜18時(日曜は12〜15時)　休なし

1.レディースのほかメンズ、キッズも扱う　2.レザーコート $1200〜　3.バッグは $595〜

あの一流ブランドがこの値段!?
お値打ち価格がうれしい
オフプライス・ストア

高級ブランドからカジュアルブランドのアイテムまでお手頃価格で手に入るのが
オフプライス・ストア。マンハッタン市内にあるアクセスが便利なお店を中心にご紹介。

BRAND LIST
マーク・ジェイコブス、ヴィ
ヴィアン・ウエストウッド、
ケイト・スペード、DKNY
など

・86%OFF

2

・89%OFF

3

1．アッパー・ウエスト店（別冊MAP●P12A3）もチェック
2．モスキーノのワンピース＄74.85 3．エミリオ・プッチ
のエスニックテイストのスカート＄466.19

| ロウアー・マンハッタン | 別冊MAP P4B2 | **センチュリー21** Century 21 |

NYみやげも揃うディスカウントストア

2020年に一度閉店したが、2023年に同じ場所
で再開し、話題に。閉店前より規模は縮小され
たが、幅広い商品セレクトと、驚きのお値打ち価
格は変わらず観光客や地元の人に喜ばれている。
周辺には観光スポットも多く、アクセスも抜群。

DATA 交MR線CORTLANDT ST駅からすぐ 住22
Cortlandt St. (bet. Church St. & Broadway) ☎ (1-
212) 227-1202 時10～20時（月曜11～18時）休
なし

BRAND LIST
ベッツィ・ジョンソン、マイ
ケル・コース、アン・クライ
ン、スティーブ・メイデン、
ヴィア・スピーガなど

47%OFF

・41%OFF

2

3

1．駅近で好アクセスな場所に位置 2．テッド・ベイカー
のワンピース＄199.97 3．カルバン・クラインのヒールサ
ンダル＄69.97

| ユニオン・スクエア | 別冊MAP P21B4 | **ノードストローム・ラック** Nordstrom Rack |

人気ブランドを驚きの価格で販売

アメリカの大手高級デパート、ノードストローム
（→P54）のアウトレット。広い店内にずらりと並ん
だアイテムは、どれも人気一流ブランド品。時計や
コスメなど驚きの安さで販売。特に靴の品揃えが
充実。自分のサイズを見つけたら即購入がベスト。

DATA 交M4・5・6・L・N・Q・R・W 線 14 ST-
UNION SQ駅からすぐ 住60 E.14 St. (near Union
Sq.) ☎ (1-212) 220-2080 時10～21時（日曜は
11～19時）休なし

プチ情報 週末のオフプライス・ストアはかなり混み合っているので、平日の早い時間帯に行くのがおすすめ。
※各ショップとも取り扱いブランドは変更になることがあります。

Check 郊外型アウトレットへ

ニューヨーク郊外	別冊MAP P2A4	ウッドベリー・コモン・プレミアム・アウトレット

Woodbury Common Premium Outlets

マンハッタンから車で約70分の場所にあるアウトレット。欧米の高級ブランドをはじめとする約230店舗が集まり、正規料金の25～65％割引でお目当てのアイテムを購入できる。アウトレットにはおトクなディスカウント・クーポンが付いた便利な現地発着ツアーを利用しよう。

ミッドタウンのポート・オーソリティ・バスターミナルからグレイラインのほか、各バス会社の直行バスで約70分

DATA 〠498 Red Apple Court Central Valley ☎(1-845)928-4000 時9～21時 休なし

BRAND LIST
カルバン・クライン、シンシア・ローリー、マックススタジオ、BCBG、ナイキ など

63%OFF

3

2

・75%OFF

1.マーシャルズは地下1階にある　2.マックス・スタジオのスカート $16.99　3.ケイト・スペードのカラフルなボーダー柄のバッグ $119.99

チェルシー	別冊MAP P9C3	マーシャルズ

Marshalls

幅広いジャンルの品揃えが魅力

ファッションアイテムからキッチン雑貨まで、幅広いアイテムを扱うオフプライス・ストア。50％以上オフの商品も多く、人気ブランド品が投げ売り状態で販売されている。ほかではない商品が見つかるなど、掘り出し物探しにピッタリ。

DATA 交M1線 18 ST駅から徒歩4分　住6206Ave.(bet. 18&19 Sts.)　☎(1-212) 741-0621 時9時30分～21時30分(日曜は10～20時、季節により変動)　休なし

BRAND LIST
マーク・ジェイコブス、トリー・バーチ、ポロ・ラルフ・ローレン、アリス・オリビア、トミー・ヒルフィガーなど

75%OFF

3

2

50%OFF

1.セントラル・パークにも近く観光後の買い物にも便利
2.グレイスのボタニカル柄のカーディガン $16.99
3.カルバン・クラインのノースリーブブラウス $19.99

ミッドタウン	別冊MAP P24A3	T.J.マックス

T.J. MAXX

早いもの勝ち！豊富なアイテムが集結

全米で1000店舗を展開している大型チェーン。ファッションアイテムを中心に生活雑貨、スポーツ用品など、多彩なラインナップが揃う。デパートやメーカーから流れてきた1点ものが多いのも魅力で、その安さゆえに衝動買いしてしまう人も。

DATA 交M1・A・C・B・D線59 ST-COLUMBUS CIRCLE駅から徒歩2分　住250 W. 57th St. ☎(1-212) 245-6201　時9～21時(日曜は10～20時)　休なし

※P46-47の商品写真はイメージです

オーナーのセンスが光るショップが勢揃い

ファッショニスタが通う
セレクト&ヴィンテージ店

最新モードが充実のセレクトショップと、古き良き時代のレトロなアイテムが新鮮さを感じさせる
ヴィンテージショップ。いずれも個性派アイテムがいっぱい。

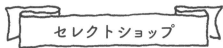
セレクトショップ

ウエスト
ビレッジ ／ 別冊 MAP P8B4

オッテ
Otte

オリジナルラインも揃えたハイセンスショップ

古着から新作ウェア、アクセサリーまで揃えたアーバンな
ショップで、現在NY市内で2店舗を展開中。NYを拠
点に展開するアレキサンダー・ワン、ジェイソン・ウーのほ
か、オッテオリジナルのアイテムも扱う。期待の新鋭デザ
イナーを先取りで取り上げて注目されるほか、オリジナル
のアパレルやアクセサリー商品も人気。

DATA　交M1・2・3線14 ST駅から徒歩5分　住121 Greenwich
Av.　☎(1-212) 229-9424　時10〜18時　休日曜

1.旬のデザイナーズアイテムが揃う　2.バッグ $295〜　3.シャ
ツ $179〜　4.レザージャケット $495〜

プチ
情報　NYのヴィンテージショップをめぐるなら、ダウンタウンの東側にあるイースト・ビレッジ（別冊MAP●P3C3）
がおすすめ。個性豊かな古着の街として知られる。

Check リサイクル・ショップを活用して掘り出し物をゲット！

別冊
MAP
P9C3

ハウジング・ワークス
Housing Works

HIV保持のホームレスや低所得者の生活向上を目的としたNPOが運営するリサイクル・ショップ。売上は彼らへの住居や医療・食料の補助、職業斡旋などに使用。洋服から雑貨まで品揃え充実。

DATA　交M1線18 ST駅から徒歩3分　住143 W. 17 St. (bet. 6 & 7 Ave.) ☎ (1-718) 838-5050　時11～19時（日曜は12～17時）　休なし

1．種類豊富な商品が並ぶ　2．ハイブランドのリサイクル品が $10 前後で見つかることも

ヴィンテージショップ

別冊
MAP
P18A3

ワット・ゴーズ・アラウンド・カムズ・アラウンド
What Goes Around Comes Around

プロのバイヤーも訪れるヴィンテージの宝庫

高級ブランドのジュエリーから古着、シューズに至るまで幅広いヴィンテージ・アイテムを取り揃える。エルメス、サンローラン、プッチなどのメゾン系アイテムから、お宝系ジーンズまで、マニアならずとも垂涎のアイテムが並び、他店のバイヤーが買い付けに来るほど。そのほかデパートでも扱われているオリジナルアイテムの数々も。

DATA　交M C・E線 SPRING ST駅から徒歩6分　住351 W.Broadway (bet. Broome & Grand Sts.) ☎ (1-212) 343-1225　時11～19時（日曜は12～18時）　休なし

1．世界中から集まった、選りすぐりの古着が並ぶ　2．エルメスはじめスカーフの種類も多数　3．シャネルのヴィンテージバッグ $4150～　4．ヴィンテージのドレス $500～

別冊
MAP
P7C1

デュオ
Duo

仲良し姉妹がセレクトしたこだわりアイテム

ミネソタ州出身の姉妹が2008年にオープンしたショップで、レンガ造りの暖炉、アンティークの照明器具、使い古された木製のフロアなどがレトロ感を醸し出す。オックスフォードのシューズや真鍮のバックルなど、扱う種類も幅広い。また、ブルックリンやイースト・ビレッジを拠点とする有能な地元デザイナーによる商品も置いている。

DATA　交M6線 ASTOR PL駅から徒歩8分　住324 E.9 St. (bet. 1 & 2 Ave.) ☎ (1-212) 777-7044　時13～19時（土・日曜は12時～）　休なし

1．オリジナルブランド等のセレクト品も扱う　2．小物の品揃えも豊富　3．各種トップスは $59～　4．シューズは $150～揃う

お部屋のインテリアに取り入れたい！

アメリカン・テイストの雑貨&テーブルウェア

流行の発信地、ニューヨークにはモダンで洗練された雑貨を扱う店がたくさんある。
お部屋に飾りたくなるハイセンスなアイテムを探してみよう。

1.テーブルセット$142.95〜Ⓐ 2.チリソースなど種類豊富なソース類各$12.95〜Ⓑ 3.カラフルな取り皿$29.95〜Ⓑ 4.オレンジの取り皿セット$119.95〜Ⓑ 5.花瓶$25.95〜Ⓐ 6.四角皿大$19.95〜、小$9.95〜Ⓐ

Ⓐ ●ユニオン・スクエア
クレート&バレル
Crate & Barrel
別冊MAP●P21A3

全米で約100店舗展開しているチェーン店。モダンシンプルで使い勝手がよいデザインがニューヨーカーにも好評。小物雑貨はおみやげに最適。

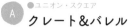

DATA 交ⓂB・D・F・Ⓜ線 BROADWAY-LAFAYETTE駅から徒歩3分 住881 Broadway (at E 19 St.) ☎(1-212)780-0004 時9〜21時(金・土曜〜22時、日曜〜18時) 休なし

Ⓑ ●アッパー・ウエスト・サイド
ウイリアムズ・ソノマ
Williams Sonoma
別冊MAP●P24A2

高級キッチン用品の専門店。自社ブランドからセレクトした、幅広いジャンルのキッチンアイテムや食料品が並ぶ。創業は1956年。

DATA 交Ⓜ1・A・B・C・D線 59 ST-COLUMBUS CIRCLE駅からすぐ 住タイム・ワーナー・センター内(→P92) ☎(1-212)581-1146 時10〜20時(日曜は11〜19時) 休なし

プチ情報 クレート&バレルのセカンドライン「シービー2」(別冊MAP●P18B3)もおすすめ。若い世代をターゲットにした食器やインテリア雑貨が揃う。

7.デコパージュのペーパーウエイト$46〜
Ⓓ 8.地元アーティストによる動物オブジ
ェ Ⓒ 9.メタル製のキャンドル・ホルダー
$85〜Ⓒ 10.ダイニングテーブルなども
販売Ⓔ 11.サイケデリックピローは寝室
のアクセントにⒸ 12.洗練されたデザイン
の食器Ⓔ 13.デコパージュのコンセント
カバー$92〜Ⓓ 14.職人が手作業でガ
ラスをカットし、コラージュしたデコパージュ
$48Ⓔ

Ⓒ ●ユニオン・スクエア
ABCカーペット＆ホーム
ABC Carpet & Home
別冊MAP●P21A3

地下1階から6階までであるインテリア
雑貨専門店。世界各国から集めら
れたアンティーク家具やオーナメン
ト、ジュエリーなどが多彩に揃う。

DATA 交M4・5・
6・L・N・Q・R・W
線 14 ST UNION
SQ駅から徒歩5分
住888 Broadway
(bet. E.18 & E.19 Sts.) ☎(1-212)
473-3000 時10〜19時（日曜は11〜
18時） 休なし

Ⓓ ●イースト・ビレッジ
ジョン・デリアン
John Derian
別冊MAP●P19C1

NYで活躍するアーティストが手がけ
るインテリア雑貨の店。商品はすべ
てハンドメイド。プレートやペーパー
ウエイトは、特に人気が高い。

DATA 交MF線2
AV駅から徒歩5分
住6 E.2 St. (bet.
Bowery & 2 Ave.)
☎(1-212) 677-
3917 時11時30
分〜18時 休日・月曜日

Ⓔ ●ソーホー
ローマン・アンド・
ウィリアムズ・ギルド
Roman and Williams Guild
別冊MAP●P18B4

インテリアショップに、話題のフロー
リストのデザイン美とフレンチカフェ
をコラボ。ソファや食器など店内に
あるものはすべて購入可能。

DATA 交M6・J・
Z・N・Q・R・W線
CANAL ST.駅から
徒歩2分 住53
Howard St. ☎(1-
212) 852-9099

時10〜21時（金〜日曜〜22時） 休なし

ニューヨーク名物を持ち帰る!

ポップでキュートな
NYみやげはこちら

NYの象徴といえば自由の女神、エンパイア・ステート・ビル…。
個性豊かなかわいいグッズを持ち帰れば、おみやげに喜ばれること間違いなし!

1. トートバッグ$16〜 Ⓐ　2. ブルックリンのロゴが入った可愛いエナメルピン$13Ⓒ　3. ニューヨーク・スカイライン・シリーズのソルト&ペッパー入れ$19.95Ⓒ　4. パーキングチケットをモチーフにしたマグカップ$14Ⓐ　5. メトロカードに見立てた携帯ケース$20Ⓑ　6. ラゲージタグ$10も人気Ⓑ　7. ヘッドマーク形マウスパッド各$12Ⓑ　8. 自転車専用標識のマグネット各$5Ⓐ　9. 飲食店の評価マークがプリントされたティータオル$14Ⓐ

Ⓐ ●ロウアー・マンハッタン
シティ・ストア
City Store
別冊MAP●P5C1

ニューヨーク市(NYC)の公式グッズが並ぶショップ。Tシャツやバッグ、マグネットやマグカップといった小物類など品揃えはバラエティ豊か。ストア限定のアイテムもある。

DATA　交M4・5・6・J・Z線 BROOKLYN BRIDGE CITY HALL駅から徒歩1分　住1 Centre St. (Manhattan Municipal Building 1F)　☎(1-212)386-0007　時9〜16時　休土・日曜

Ⓑ ●ミッドタウン
ニューヨーク・トランジット・ミュージアム・ギャラリー&ストア
NY Transit Museum Galley & Store
別冊MAP●P23D2

ニューヨークの地下鉄や市バスの資料を展示している博物館の一角にあるショップ。期間限定で博物館の展示品の模型なども販売。

DATA　交M4・5・6・7・S線 GRAND CENTRAL駅内　住off the main concourse in the Shuttle Passage　☎(1-212)878-0106　時10時〜19時30分(土・日曜は10〜18時)　休なし

Ⓒ ●ユニオン・スクエア
フィッシュ・エディ
Fishs Eddy
別冊MAP●P21A2

地元デザイナーとコラボしたオリジナルデザイン食器をメインに扱う雑貨店。シンプルなデザインが多く、なかでもニューヨークの街並みをデザインしたシリーズが人気。

DATA　交M4・5・6・L・N・Q・R・W線14 ST-UNION SQ駅から徒歩6分　住889 Broadway (at E.19 St.)　☎(1-212)420-9020　時10〜18時(木〜土曜〜20時、日曜11時〜)　休なし

プチ情報　ニューヨークらしいおみやげなら、ミュージアムショップのアイテムもおすすめ。美術館の入館料は不要でショップだけ立ち寄ることもできる。

Check | I ♡ New York グッズはココで

1. 自由の女神が入った
スノードーム $5.99 (小)
2. お手頃価格のニュー
ヨークみやげがずらり

ミッド
タウン | 別冊
MAP
P22B2 | **グランド・スラム**
Grand Slam

NYみやげの定番が勢揃い

アメリカのスポーツグッズを主に扱う
ショップ。日本でも知られているI♡
NYのロゴ入り雑貨も豊富。

DATA 交M N・R・W線
49 ST駅から徒歩4分
住1557 Broadway. (bet.
W.46 & W.47 Sts.) ☎
(1-888) 395-0515 時9
時30分～24時 休なし

1. オリジナルトートバッグ$24.95E 2. ネコのプリントが目を引く使いやすいネコのポーチ$14.95E 3. ストランドのロゴが
入ったオリジナルTシャツ$21.95E 4. エンパイア・ステート・ビルのシルエットをあしらったカード$2～5D 5. 『ニューヨー
クからごあいさつ』と書かれたグリーティング・カード$3.95D 6. ブルックリン・ネッツのロゴ入りタンブラー$44.99F
7. バスケットボールのスーパースターのフィギュア$19.99F 8. バスケットボールチームのピンバッチ$13.99F

D | ●グリニッチ・ビレッジ
グリニッチ・レタープレス
Greenwich Letterpress
別冊MAP●P17B1

カードや便箋といったペーパーアイ
テムが豊富なカードショップ。ヴィン
テージ感が漂うかわいらしい店内の
商品はすべてオリジナル。ひとひね
り効いたデザインのものが多い。

DATA 交M1線
CHRISTOPHER
ST-SHERIDAN
SQ駅から徒歩5分
住15 Christopher
St. (bet. Waverly Pl. & 6 Ave.) ☎(1-
212) 989-7464 時11～19時(日・月
曜は12～18時) 休なし

E | ●グラマシー
ストランド・ブックストア
Strand BookStore
別冊MAP●P21B4

1927年創業の老舗書店。新刊から
古本までを販売しており、1階には店
名入りのオリジナルグッズやNYをイ
メージした雑貨が揃う。使いやすい
デザインの商品が人気。

DATA 交M M4・
5・6・L・N・Q・R・
W線14 ST-UNION
SQ駅から徒歩3分
住828 Broadway
☎(1-212) 473-1452 時10～20時 休
なし

F | ●ミッドタウン・イースト
NBAストア
NBA Store
別冊MAP●PP23C2

プロバスケットボールリーグのNBA、
WNBA、NBAゲータレード・リーグ
の公式グッズを販売。キャップやト
レーナーなどのアパレル系から雑貨
まで揃う。

DATA 交M7線
5 AV駅から徒歩5
分 住545 5th
Ave. ☎(1-212)
457-3120
時10～20時(金・土曜は10～21時)
休なし

商品セレクトに個性が光る

ニューヨーカー御用達の
デパートでまとめ買い

高級なイメージがあるニューヨークのデパートだが、各店の個性はさまざま。
各デパートの特徴を把握しておけば、効率よくお買い物できること、間違いなし！

ミッドタウン ／ 別冊MAP P24A2

ノードストローム
Nordstrom

市民待望の百貨店がオープン

大手百貨店の新店舗が2018年にオープン。マンハッタン内にディスカウントストアのノードストローム・ラック（→P46）は2店舗あるが、メインとなるストアの登場は東海岸で初。3フロアで構成される店内には、洋服や小物のほか男性用グルーミング用品などが揃う。向かいにはレディース館がある。

1.シューズの値段はモデルによって大幅に異なるが概ね$60〜　2.館内には広々とした吹き抜けの階段がある　3.メンズフロアには季節のファッションが充実　4.メインエントランスは、ブロードウェイに面している　5.ナイキのディスプレイ

DATA　交Ｍ地下鉄1・A・C・B・D線59 ST-COLUMBUS CIRCLE駅から徒歩1分　住235 W. 57th St.　☎(1-212)295-2000　時10〜20時（日曜は11〜19時）※変更の場合あり　休なし

ミッドタウン ／ 別冊MAP P23C1

サックス・フィフス・アヴェニュー
Saks Fifth Avenue

ニューヨーカー御用達

5番街中心部の1ブロックを占める巨大なデパート。洗練された品揃えが人気で、新進ブランドの先取りも早い。マンハッタン随一の面積を誇るシューズフロアは、ディスプレイも華やか。クリスマスのディスプレイも有名で、自動人形が飾られるショーウインドー前は見物客の行列ができるほど。

1.独自の郵便番号をもつシューズフロア　2.ロックフェラーセンターに隣接　3.各種ブランドのフラットシューズ$150〜　4.香水ブランド、ボンドNo.9$320〜　5.各種ブランドのピロー$85〜

DATA　交Ｍ E・M線5 AV/ 53 ST駅から徒歩4分　住611 5 Ave. (bet. E.49 & E.50 Sts.)　☎(1-212) 753-4000　時11〜19時（日曜は12〜18時）休なし

プチ情報　ニューヨークのバーゲン時期は6月下旬から7月上旬と、11月の感謝祭から1月にかけて。年始には有名ブランドの旗艦店もセールを始めるので、その時期に訪れる人は要チェック。

こちらも Check

ミッド
タウン 　別冊
MAP
P25C2 　**バーグドルフ・グッドマン**
Bergdorf Goodman

ニューヨークが誇る超老舗高級デパート。顧客には世界のセレブが名を連ね、贅沢な雰囲気。

DATA 　交MN・R・W線5 AV/ 59 ST駅から徒歩3分
住754 5 Ave. 　☎(1-212) 753-7300(カスタマーサービス) 　時11〜19時(日曜は〜18時) 　休なし

ミッド
タウン 　別冊
MAP
P10B4 　# メイシーズ
Macy's

地元密着の庶民派デパート

全米に500店余りを展開し、創業100年以上を誇る老舗デパート。ほかのデパートに比べ良心的な価格で、地元はもちろん、地方の観光客にも人気が高い。海外からの利用者はビジター・セービング・パスで10%オフになる特典も。

DATA 　交MB・D・F・M・N・Q・R線34 ST-HERALD SQ駅から徒歩2分
住151 W.34 St. (bet. Broadway & 7 Ave.) 　☎(1-212) 695-4400 　時10〜21時(金・土曜は〜22時) 　休なし

1.大規模リニューアルにより、各フロアが刷新 2.ノスタルジックなたたずまいのメイシーズ本店 3.4.メイシーズとアメリカン・ラグシーのコラボ商品も販売。(上)ネックレス$29.99〜、(下)ブーツ$69〜
※販売はメイシーズのみ

アッパー・
イースト・
サイド 　別冊
MAP
P25D2 　# ブルーミングデールズ
Bloomingdale's

高級品を多く扱う老舗

「ブルーミー」の愛称で親しまれている1872年創業の老舗デパート。1・2階に高級ブランドが集結。服飾以外にも、インテリア用品から食品まで何でも揃う。くつろげるカフェやレストランのほか、かわいらしいカップケーキが並ぶマグノリア・ベーカリーもある。

DATA 　交M4・5・6・N・R・W線LEXINGTON AV/59 ST駅から徒歩1分
住1000 3 Ave. (bet. E.59 & E.60 Sts.)
☎(1-212) 705-2000 　時10〜20時(火曜は12時〜、日曜は11〜19時) 　休なし

1.幅広い品揃えで親しまれるコスメフロア 2.エントランスに掲げられた世界各国の国旗が目印 3.取っ手が革でできたオリジナルミニ・トート$32 4.ブルーミーオリジナルなど各種ポーチ$35〜

自然由来のレシピを使った
自然派コスメで
ナチュラル・ビューティー

疲れたお肌を潤してくれるビューティー・アイテムは要チェック！
なかでもNY女子から絶大な支持を集める自然派コスメのお店をピックアップ。

アボカドとシアバター
を配合した保湿成分
たっぷりのアイトリー
トメント$37(小)

シアバターとホホババター配合のホイッ
プ・ボディ・バター $49

爽やかなペパーミントオイル配合のメン
ソール・リップ・バーム $7.50〜

ラベンダーの香りでリラックス効果も期
待できるボディ・ソープ $15

100％ナチュラルミントを配合したリップ
バーム $7.50。口臭予防効果もある

A 別冊 MAP P21B4 ●イースト・ビレッジ
キールズ
Kiehl's

薬局から誕生したコスメブランド
1851年に調剤薬局としてオープン。薬学の知識に基づ
いて天然由来成分にこだわったコスメは、ニューヨーカー
にも人気とあって、日本でも話題に。メンズやペット用な
ど、200種類以上のスキンケア製品が並ぶ。

DATA　交ML線3 AV駅から徒歩
1分　住109 3 Ave.(bet. E.13 &
E.14 Sts.)　☎(1-212) 677-
3171　時10〜20時(日曜は11〜
18時)　休なし

B 別冊 MAP P17B1 ●グリニッチ・ビレッジ
C.O. ビゲロー
C.O.Bigelow

オリジナルスキンケア商品に注目
1838年に調剤薬局から開業した、老舗スキンケア専門
店。緑茶やフルーツなどの天然成分を配合したオリジナ
ル商品が豊富で、リップクリームやハンドクリームといっ
た保湿ケア商品が人気。多くの有名人も愛用している。

DATA　交MA・B・C・D・E・F・M線W 4
ST-WASH SQ駅から徒歩3分　住414 6 Ave.
(bet. W.8 & W.9 Sts.)　☎(1-212) 533-2700
時9〜19時(日曜は〜17時30分)　休なし

  プチ情報　ニューヨーク発祥のコスメ＆ビューティーケアブランドには「キャロルズ・ドーター（Carol's Daughter）」（美
容グッズを扱うRicky's NYCなどで販売）や、「ブリス（Bliss）」などもある。

Check **NY でオリジナルリップ！**

ソーホー　別冊 MAP P18A2　**リップ・ラボ ソーホー**
Lip Lab SoHo

自分だけのリップをカスタムメイドできる、カナダ生まれの口紅専門店。天然素材と食品用の酸化防止剤だけで作る口紅で"食べても安全"がキャッチフレーズ。約20色のサンプル、4つのフレーバー、口紅の形状から好きなものを選べる。自分だけの名前をつけることも可能。

1.口紅を作る工程を見学できる　2.オリジナルリップは各＄55～

DATA　交MN・R・W線PRINCE ST駅から徒歩8分　住133 Wooster St.　☎(1-646) 484-6111　時11～19時(金・土曜は～20時)　休なし

C 溶けたオイルを体に塗って使えるソイキャンドル＄10(小)、＄26(大)

C スイセンの香りのハート形の匂い袋＄6。おみやげにちょうどよいサイズ

C 量り売りの石けんは常時20種類以上が並ぶ。4オンス＄8

D モイスチャーデュオ＄48。オイルとミストのセットかオリジナルのコットンバッグに

D パンプキンエンザイムピーリング＄51。食べられるペーストのような色と香り

D クレンザーとしても使えるハーバルマスク＄48

C 別冊 MAP P20B3　●ミート・パッキング・ディストリクト
ソーポロジー
Soapology

自分好みの香りにカスタマイズ

オーガニック・アロマ商品を主に扱うショップ。ほとんどの製品が手作りで、購入した商品に好きな香りをブレンドしてできるカスタマイズ・アロマが評判。ハンドオイルとしても使えるオーガニック・ソイキャンドルもおすすめ。

DATA　交MA・C・E線14 ST駅から徒歩1分　住67 8 Ave. (bet. W.13 & W.14 Sts.)　☎(1-212) 255-7627　時10～22時　休なし

D 別冊 MAP P3D2　●ブルックリン
ブルックリン・ハーボリウム
Brooklyn Herborium

植物由来の高品質なコスメが魅力

家族で使用できるスキンケア用品やホームケア用品を販売するコスメショップ。自身の子どものことを思いながら作るという、ナチュラルで最高品質のハンドメイド製品を販売している。

DATA　交MF・G線CARROLL ST駅から徒歩15分　住275 Columbia St. (bet. Summit & Carroll Sts.)　☎(1-347) 689-4102　時11～17時　休月曜

環境にやさしいニューヨークのトレンドみやげ
エコ&ナチュラル・プロダクト

環境に対する意識が高いニューヨーカーたちにとって、地球にやさしいサステイナブル&エコなライフスタイルは、もはや常識。そんな彼らが通う店の人気商品をクローズアップ！

フード

フリーレンジエッグを使用したマヨネーズ B
放し飼いのニワトリの卵とサンフラワーオイルを使った自然派マヨネーズ $11

体にやさしいローフード A
オーガニックのケールにカイエンペッパーやパプリカなどを加えたピリ辛チップス $6.29

フレッシュな野菜で作ったペースト B
トマトやキュウリが入ったスパイシーな野菜ペースト $11〜。お酒と割ってカクテルにしても

自然&オーガニック素材を使用 B
ベルー山脈の氷やヒマラヤの食塩などを使用した炭酸水「Q Drink」 $10〜

A ●グリニッジ・ヴィレッジ
ライフタイム・マーケット
Lifethyme Market
別冊MAP ● P17B1

オーガニック食品がいっぱい
1995年創業の老舗ナチュラル・スーパーマーケット。オーガニック野菜からサプリメントまで、ヘルシー志向のニューヨーカーたちを満足させる自然派アイテムがずらりと並ぶ。サラダバーとジュースバーも要チェック。

DATA 交MA・B・C・D・E・F・M線
W 4 ST-WASH SQ駅から徒歩2分
住410 6 Ave. (bet. W.8 & W.9 Sts.)
☎(1-212) 420-1600 時8〜22時
(土・日曜は9時〜) 休無休

B ●ウィリアムズバーグ
デパナー
Dépanneur
別冊MAP ● P16A2

ハイセンスなブルックリン・メイド
ローカル御用達のクールなデリ&グローサリーストア。おみやげにもぴったりなメイド・イン・ブルックリンの商品を中心に、世界中からのユニークなアイテムが揃う。新鮮素材を使った手作りサンドイッチも人気。

DATA 交ML線BEDFORD AV駅から徒歩8分 住242 Wythe Ave. (at N.3 St.) ☎(1-347) 227-8424
時7時30分〜18時 休無休

プチ情報 NYでは有名ブランドが続々と環境問題を考えたサステイナブルコレクションを発表。リサイクルポリエステルを使用したデニムコレクション「Waste<Less」を発表したリーバイスもその一つ。

Check フレッシュ＆オーガニックなサラダ専門店

グリニッジ・ビレッジ　別冊MAP P17B3

スウィートグリーン
Sweetgreen

ローカル農場からの食材を厳選し、店内の黒板に産地を表示。サラダは既存のメニューから選んでも、最初からカスタムオーダーしてもOK。NY市内に30店舗以上ある。

- -
DATA　交MA・B・C・D・E・F・M線W 4 ST-WASH SQ駅から徒歩2分　住226 Bleecker St. (bet. Downing & Carmine Sts.)
☎ (1-917) 639-3212　時10時30分〜22時　休無休

現金の使用は不可。クレジットカードかアプリで支払う

クールシーザー＄13.45にキャロット¢50を追加。パンは無料

 バッグ

リサイクルコットンを使用した3Wayバッグ
トートバッグとしても肩掛けバッグとしても使えるキャンバス地のダック・バッグ ＄38〜 C

収納力抜群のバックパック
パッド入りの内ポケットが付いた、使い勝手のよいバックパック。丈夫なナイロン製で、洗濯機で丸洗いもできる ＄68 C

C ●ウィリアムズバーグ

バグゥ
Baggu
別冊MAP ● P16A2

カラフルなエコバッグで人気

カリフォルニア出身の日系女性エミリーさんが考案したレジ袋型のエコバッグは今や定番。直営店ならではの品揃えで、さまざまなデザインとカラーの商品が並ぶ。レザーやキャンバス地のバッグ、バックパックなども展開。

- -
DATA　交ML線 BEDFORD AV 駅から徒歩8分　住242 Wythe Ave. No.4 (at N.3 St.)　※入口はN.3 St.沿い ☎ (1-415) 500-1388　時11〜19時　休無休

※商品のデザインは定期的に変更。商品写真はイメージです

スーパーのレジ袋の代わりに
軽量かつ丈夫なリップストップ・ナイロンを使ったエコバッグ。オレンジの柄がレトロ ＄14 C

洗濯機で洗えて繰り返し使える
リップストップ・ナイロン100％のエコバッグ。バラのイラストとショップのロゴ入り ＄14 C

オリジナルブランドが充実

おみやげ探しは
グルメストア＆スーパーで

お手頃価格の食品から雑貨まで、グルメストアとスーパーマーケットにはおみやげにぴったりなアイテムが満載。日本未入荷のオリジナル商品は、特に喜ばれること間違いなし!?

1

1.リピーターが多い惣菜コーナーは混雑必至
2.オリジナルの食材は、調味料からジャム、オーガニックナッツまで扱う
3.数百種類あるさまざまなチーズが山盛りに

アッパー・ウエスト・サイド ／ 別冊MAP P12A1

ゼイバーズ
Zabar's

惣菜がおいしい老舗高級スーパー

1934年創業、小さな惣菜屋から始まった「グルメ・デリの元祖」ともよばれる老舗高級スーパーマーケット。1階には惣菜をはじめ、オリジナルブランドのお菓子やコーヒー豆、2階にはアメリカンテイストのキッチン雑貨が並ぶ。

DATA 交 M1線79 ST駅から徒歩1分 住2245 Broadway (at W. 80 St.) ☎ (1-212) 787-2000 時8時～19時30分（日曜は9～17時）※2階は9時～18時 休なし

╲ このコーナーがすごい！ ╱

ニューヨーカーの食生活に大活躍の惣菜コーナー。アジアン料理も揃う。創業当時から取り扱う名物のスモークサーモンは必食！

充実したキッチン雑貨

1.マグカップ各種$5.98～ 2.店のテーマカラー、オレンジ色のオーブングローブ$6.98～

1

2

  まめちしき スーパーのレジにはベルトコンベア風の台があり、そこに商品を載せるとキャッシャー前に運ばれるシステム。また、現金かクレジットカード用にレジが分かれていることもあるので注意。

エコバッグを Check

ゼイバーズ $8.98
※デザイン変更

ホール・フーズ・
マーケット $1.99

トレーダー・ジョーズ $0.99～

ロウアー・イースト・サイド　別冊MAP P19C1

ホール・フーズ・マーケット
Whole Foods Market

地球環境と体に配慮した商品を提供

自然派食品やオーガニック製品など、地球環境と体にやさしい良質な商品を主に扱う、大型スーパーマーケットのチェーン店。スキンケア製品も多く取り扱い、充実した品揃えの化粧品コーナー「ホール・ボディ」にも注目。

DATA　交MF線2 AV駅から徒歩2分　住95 E. Houston St. (at Bowery)　☎(1-212) 420-1320　時7～22時　休なし

こんなキャリーグッズも

大量買いしたときに便利なショッピングカート$34.99

このコーナーがすごい!

広々としたイートインスペースも完備されたデリコーナー。野菜を使ったヘルシーで体にやさしいメニューが揃う。

1.良質な乳製品はどれもお手頃価格で販売　2.好みの豆を選び、自分で豆を挽けるコーヒーブース　3.きれいに並べられた野菜はほとんどがオーガニック野菜

1.健康志向の人に向けた品揃えのよさが人気の秘密
2.食品だけでなく、カラフルな花々も扱っている

ユニオン・スクエア　別冊MAP P21B4

トレーダー・ジョーズ
Trader Joe's

お手頃オーガニック食品ならココ

低価格でオーガニック食品が手に入ると、地元でも人気のスーパーマーケット。オリジナリティあふれる品揃えが特徴で、特にドライフルーツや、ナッツ類の種類は圧倒されるほど多い。ほかのスーパーではあまり見かけない商品も。

DATA　交M4・5・6・L・N・Q・R・W線14 ST-UNION SQ駅から徒歩2分　住142 E.14 St. (bet. 3 & 4 Ave.)　☎(1-212) 529-4612　時8～21時　休なし

このコーナーがすごい!

食料品を販売している隣に立つワイン専門店。お手頃価格で良質なワインがずらりと並び、ここでしか買えないワインも充実している。

お手頃価格のオーガニック食品

1.フレッシュなコーン&チリサルサソース $3.49～
2.シンプルな材料で作ったジンジャービール4本$3.99

チョコレート&ブラウニー

ニューヨーク生まれのブランド

マンハッタンやブルックリンで生まれた、人気ブランドをご紹介。
かわいらしい装飾やパッケージは、おみやげにもピッタリ!

ニューヨーク・
ガナッシュコレクション
9ピース $35

レッド・ウイッチ
$5.25

B ひとつひとつにニューヨークを象徴するイラストが描かれている

C 日本では珍しいレッドチェリーのフレーバー

NYコレクション
1箱 $17.50

A 箱ごとに異なる種類のチョコレートが入っている

ニューヨーク・
キャラメルコレクション
9ピース $29

ファット・ウイッチ・エンズ
$12.99

B 濃厚なキャラメルをチョコレートでコーティング。3種の味を楽しめる

C ブラウニーの切れ端が詰まったお得な商品

A ●ダンボ
ジャック・トレス・チョコレート

Jacques Torres Chocolates
別冊MAP ● P15A4

ダンボ発の
チョコレートショップ

フランス人ショコラティエ、ジャック・トーレス氏が2000年に開いたショップ。チョコレートバーやプラリネのほか、クッキーなどのアイテムも豊富。

DATA 交MF線YORK ST駅から徒歩7分 住66 Water St☎(1-718)875-1269 時10〜19時 休なし

B ●ソーホー
マリ・ベル

Marie Belle
別冊MAP ● P18A3

アートのような
ガナッシュが人気

厳選されたカカオから作る手作りチョコレートの専門店。約30種類のフレーバーがあるガナッシュの表面には、それぞれイラストが描かれておりアートのよう。

DATA 交MA・C・E線CANAL ST駅から徒歩5分 住484 Broome St.(bet. W. Broadway & Wooster St.) ☎(1-212)925-6999 時11〜19時(金〜日曜は〜20時) 休なし

C チェルシー
ファット・ウイッチ・ベーカリー

Fat Witch Bakery
別冊MAP ● P20A3

かわいらしい
魔女のイラストが目印

チェルシー・マーケット内にあるブラウニー専門店。定番商品のブラウニーのほか、お湯やホットミルクに溶かして作るホットチョコレートは$9.99。

DATA 交ML線8 AV駅、A・C・E線14 ST駅から徒歩5分 住チェルシー・マーケット内(→P96) ☎(1-888)419-4824 時11〜18時 休なし

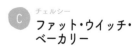

 プチ情報 最近ではオーガニックなものや、カカオの性質にこだわって仕入れ、豆の状態から丁寧に手作りしている"Bean to bar"などが流行っており、チョコレート業界も大きく変化している。

Topic 3

おいしいもの
Gourmet

朝はフワフワのパンケーキからスタート。

昼はハンバーガーなどの軽食を押さえつつ、

夜はスターシェフが腕を振るう極上の料理に舌鼓。

NYならではのサイズと味に注目

本場で食べたい
お店自慢の*グルメバーガー*

アメリカン・フードの代表格、ハンバーガー。各店ともバンズ、パティをはじめ、それぞれの具材に
こだわった個性的な味で勝負している。王道からヘルシーまでグルメな味を堪能しよう。

チーズ・バーガー
$13.50

11
cm

1

2

スイーツ＆
ドリンク

3

1.具はトマト、レタス、オニオンといっ
たシンプルメニュー　2.ミルクシェイク
$10.75　3.ふんわりした食感のブラウ
ニー$4.50

ビストロ・バーガー
$14.75

14
cm

1

3

2

サイドディッシュ＆
ドリンク

1.分厚いパティにアメリカンチーズ、ベ
ーコンがたっぷり　2.グレープフルー
ツとラズベリーのジュース$4　3.クラ
ッカー付きチリボウル$10.75

キャデラック・バーガー
$23

13
cm

1

サイドディッシュ＆
スープ

3

2

1.アンガスビーフと大きなベーコンが
特徴の自慢メニュー　2.前菜は
$14.50～　3.クリーミー・トマト・スー
プ$14.10

ミッド
タウン　別冊
MAP
P24B3

バーガー・ジョイント
Burger Joint

ひっそりとたたずむ行列店
Hトンプソン・セントラルパーク
ホテル内にある人気バーガー店。
看板メニューはハンバーガーとチ
ーズバーガー。

DATA　交MF線57 ST駅から徒歩2
分　住119 W.56 St.(bet. 6 & 7
Ave.)　☎(1-212)
708-7414　時11
～23時　休なし

ミート・
パッキング・
ディストリクト　別冊
MAP
P20B4

コーナー・ビストロ
Corner Bistro

老舗ビストロから登場の逸品
おいしいハンバーガーの代名詞
的存在。味わいの異なる3種の
部位をブレンドしたオリジナルパ
ティのビストロ・バーガーが名物。

DATA　交MA・C・E・L線14 ST駅
から徒歩3分　住331W.4 St.(at Jane
St.)　☎(1-212)
242-9502　時8時
30分～翌2時(木～
土曜～翌4時)　休
なし

ミッド
タウン　別冊
MAP
P11D1

P.J.クラークス
P.J. Clarkcés

セレブ御用達の老舗
フランク・シナトラなどセレブも
虜にしたバーガー店。パティは赤
身中心だが、肉汁がジュワッと
口に広がるジューシーさで評判。

DATA　交ME・M線 LEXINGTON
AV/53 ST駅から徒歩2分　住915 3
Ave.(at E.55 St.)
☎(1-212) 317-
1616　時11時30分
～24時(日・月曜は
～23時)　休なし

 まめ
ちしき　ニューヨークのハンバーガーショップでは、パティの焼き加減、抜いてもらいたいトッピングなどを伝えるの
が基本。特にトッピングは事前にメニューで確認しておくとスムーズに。

Check 変わり種バーガー

NYではスタンダードなものにとどまらないこだわりバーガーも豊富。そのなかでも一度は味わいたい変わり種バーガーをご紹介！

 アッパー・イースト・サイド 別冊MAP P13D4

セレンディピティ3
Serendipity3

ギネス・ブックに世界最高額と認定されたスペシャルバーガー$295が話題に！48時間前までに要予約。

DATA 交M4・5・6・N・R・W線59 ST駅から徒歩3分 住225 E. 60 St. (bet. 2 & 3 Ave.) ☎(1-212) 838-3531 時11〜23時（土・日曜は〜10時） 休なし

 ミッドタウン 別冊MAP P22A2

シェイク・シャック
（シアター・ディストリクト店）
Shake Shack

NYで人気のチェーン。珍しいポートベローマッシュルームを使ったシャックスタックバーガー$11.49はボリューム満点。

DATA 交MA・C・E線42 ST/PORT AUTHORITY BUS TERMINAL駅から徒歩2分 住691 8 Ave. (at W.44 St.) ☎(1-646) 435-0135 時10時30分〜24時 休なし

ザ・スタンダード
$14.95

15cm

1

2

3

1. パティのほか、新鮮野菜も山盛り 2. ドーナツのように大きいオニオンリング$6.95〜 3. 各種デザートは$9.95〜揃っている

グリニッチ・ビレッジ 別冊MAP P18A1

ベアバーガー
Bareburger

自然派バーガーを自分好みに

パティ、野菜、チーズ、調味料などすべての食材がオーガニックで、バンズ、肉の種類まで選んでカスタマイズできるのが特徴。

DATA 交M6線BLEECKER ST駅から徒歩6分 住535 La Guardia Pl. (bet. W.3 & Bleecker Sts.) ☎(1-212) 477-8125 時11時30分〜21時45分 休日曜

5ナプキン・バーガー
$19.50

13cm

1

3

2

スイーツ＆ドリンク

1. トッピングはあめ色タマネギと濃厚チーズの組み合わせ 2. クッキー・イン・クリーム・シェイク$9 3. ブランチメニューのワッフル$12.95

ミッドタウン 別冊MAP P10A3

5ナプキン・バーガー
5 Napkin Burger

肉厚バーガーにビックリ！

パティの製法にこだわったバーガーが人気。店名である5枚のナプキンが必要なほどの肉汁、グリュエール・チーズが食欲をそそる。

DATA 交MA・C・E線42 ST/PORT AUTHORITY BUS TERMINAL駅から徒歩6分 住630 9 Ave. (at W.45 St.) ☎(1-212) 757-2277 時11時30分〜23時30分（日〜火曜は〜22時30分） 休なし

フィッシュ・バーガー
$16.50

14cm

1

サイドディッシュ＆ドリンク

2

3

1. 別にしてあるタルタルソースはホームメイド 2. オニオンリングやフレンチフライなどと一緒に味わおう 3. 濃厚なチョコレートミルクシェイク$7

ウィリアムズバーグ 別冊MAP P16A3

デュモン・バーガー
Dumont Burger

香ばしいバンズ＆パティ

肉汁たっぷりのパティとブリオッシュバンズが決め手の専門店。ビーフだけでなく、フィッシュやラムを使ったバーガーも。

DATA 交ML線BEDFORD AV駅から徒歩8分 住314 Bedford Ave. (bet. S.1 & S.2 Sts.) ☎(1-718) 384-6127 時11時30分〜23時（金・土曜は〜翌1時） 休なし

NYグルメの仕掛け人はこの2人

実力派シェフがプロデュース
話題のモダン・ダイニング

世界の敏腕シェフが集まるNYには、スター・シェフがプロデュースした名店がいっぱい。
いま一番旬なシェフが手がけた人気絶頂のレストランをご紹介。

1.3.メニューは季節ごとに異なり、メインは肉料理、
シーフード料理ともに$39〜。前菜$22〜が揃う。ハ
ンドメイドのパスタが自慢で$27〜楽しめる　2.デザ
ート$19〜　4.店の周辺には系列店が集まる　5.オ
ープンキッチンの店内

Profile
ダニエル・ブーリュー氏
Daniel Boulud
フランス・リヨン出身。1982年
に渡米、ニューヨークで最も有名
なフレンチ・シェフとして名を馳
せる。ミシュランの3ツ星に輝い
た「ダニエル」ほか6店舗のオーナ
ーシェフであり、海外にも多数店
舗を構える。

アッパー・
ウエスト・
サイド
別冊
MAP
P12A4

ブーリュー・スッド
Boulud Sud

世界的に高名なシェフの新店舗

フレンチ、スペイン、ギリシャ、北アフリカ、トルコ料理に、
数カ国のフレーバーをあわせた多国籍地中海料理の店。
各国のテイストをうまく取り込み、異国情緒あふれるメニ
ューに仕上げている。3種のプリフィックスコースのほか、
季節ごとに変わるアラカルトメニューも充実。

ワインとの相性
もいいですよ

ほかにも
あります！

ブーリュー氏のお店

●ダニエル　　Daniel／別冊MAP●P13C4
ミシュラン3ツ星の経歴をもつ高級フレンチ
●バー・ブーリュー　　Bar Boulud／別冊MAP●P12A4
ワインセラーがコンセプトのビストロ&バー

DATA　交M1線66 ST LINCOLN CENTER駅から徒歩3分
住20 W.64 St. (bet. Central Park West & Broadway)　☎(1-
212) 595-1313　時17〜22時 (金・土曜は〜22時30分)　休月曜
料夜$78〜　☑要予約　□ドレスコードあり

※P66のメニュー写真は全てイメージです

プチ
情報
ロサンゼルスにある人気レストラン「オステリア・モッツァ」のオーナー、ナンシー・シルバーストーン氏を
シェフとして迎えた「バッボ」(別冊MAP●P17B1) が注目を集めている。

Check

ターボ・ソマー氏のレストラン

建築、インテリアデザイン、DJ、イベンターなどさまざまな分野で注目を浴びるソマー氏が手がける話題のお店はココ!

イースト・ビレッジ／別冊MAP P19C1

バー・プリミ
Bar Primi

©Noah Fecks

伝統製法で手作りした生パスタは、リングイネやオレキエッテなど種類豊富でうれしい。メインでは素材にこだわった肉や魚料理が楽しめる。

DATA　交MF線2 AV駅から徒歩3分　住325 Bowery (at E. 2nd St.)　☎(1-212) 220-9100　時12〜16時、17〜23時(日〜火曜は〜22時)、土・日曜はブランチ11〜15時、ミッドデイ15〜17時　休なし　料昼$35〜、夜$55〜

1.ローストビーツのホームメイドヨーグルトがけ$15　2.3.メイン$26〜、サラダ$17〜など楽しめる。写真はイメージ　4.5.ABCカーペット&ホームの1階に併設。カフェスペースもある

地元食材にこだわってます

Profile
ジャン・ジョルジュ氏
Jean Georges

フランス・ストラスブール出身。南仏の2ツ星レストラン、「ロアジス」でフレンチの巨匠、ポール・ボキューズ氏とともに修業後、アジアの各ホテルで腕をふるう。2011年には「ABCキッチン」がジェームズ・ビアード財団の「ベスト・ニュー・レストラン」に選ばれた。

ユニオン・スクエア／別冊MAP P21A3

ABCキッチン
ABC Kitchen

地産地消に取り組む実力派シェフの店

「ローカル」「オーガニック」「エコロジー」をコンセプトにしたオーガニックレストラン。インテリア専門店の「ABCカーペット&ホーム(→P51)」とコラボしたシンプルかつアーティスティックな内装の店内で、契約農家から仕入れた旬の食材を使ったアメリカ料理が味わえる。

DATA　交MN・L・Q・R・W・4・5・6線14 ST-UNION SQ駅から徒歩4分　住35 E.18 St.(Park Ave. S. & Broadway)　☎(1-212) 475-5829　時12時〜16時30分(土・日曜はブランチ11〜15時)、17〜22時　休なし　料昼$40〜、夜$65〜　☑要予約　□ドレスコードあり

ほかにもあります!

ジョルジュ氏のお店

● ジャン・ジョルジュ
Jean Georges／別冊MAP●P24A1
毎年ミシュラン3ツ星獲得の高級フレンチ

● ヌガティーヌ・バイ・ジャン・ジョルジュ
Neugatine by Jean-Georges／別冊MAP●P24A1
手頃なランチが人気のカジュアルダイニング

● ザ・マーク　The Mark／別冊MAP●P13C2
ザ・マーク・ホテル(→P124)内にあるアメリカ風フレンチ

眺望自慢の店が集結

ルーフトップ・レストランで
摩天楼ランチ＆カクテル

マンハッタンの景色を楽しむなら、ビルの屋上にあるルーフトップ・レストランがおすすめ。
オープンエアの空間で、昼は賑やかに、夜はしっとりと、料理やお酒を楽しもう。

ダンボ 別冊MAP P15A4 ハリエッツ・ルーフトップ＆ラウンジ
Harriet's Rooftop & Lounge

1.イースト川の心地よい風を感じながらお酒を楽しんで　2.カクテル$15〜　3.テラスからはマンハッタンの摩天楼が目の前に広がる

ブルックリンからマンハッタンを望む

エコ・コンシャスデザインとサステイナブルな建築の1ホテル・ブルックリン・ブリッジにあるバー。テラスからはブルックリン・ブリッジとマンハッタンのビル群を眺めることができ、開放的な雰囲気のなかで食事やお酒が楽しめる。

DATA　交MA・C線HIGH ST駅から徒歩8分　住1ホテル・ブルックリン・ブリッジ（→P124）内　☎(1-347)696-2554　時17〜24時（木曜〜翌1時、金曜〜翌2時、土曜11時〜翌2時、日曜11時〜24時）　休季節による

チェルシー 別冊MAP P20B3 PHDルーフトップ・ラウンジ
PHD Rooftop Lounge

屋外テラスからNYの夜を満喫

ドリーム・ダウンタウン・ホテルの12階にあるペントハウスがバーに。大理石のテーブルやイタリアンレザーの長椅子など、ゴージャスなインテリアに囲まれて、エンパイア・ステート・ビルなどミッドタウンのビル群を見渡せる。

DATA　交MA・C・E線14 ST駅から徒歩5分　住335 W. 16th St ☎(1-212)229-2559　時22時〜翌4時（土曜は17時〜）　休日〜火曜

1.テラス席のほか、スタイリッシュなバースペースも。イベントが行われることも多い　2.テラスの向こうには、ミッドタウンの景色が広がる

まめちしき　バーやクラブなどお酒を出す店に行く場合は必ず年齢を証明できるIDカード（パスポートの現物など）を持参しよう。パスポートのコピーや日本の運転免許証では入店できないので注意。

NY でカクテルを飲むなら…

「ニューヨーク」や「マンハッタン」といった、その名もズバリのカクテルがあるなど、さまざまな種類のお酒が楽しめるNY。見た目で選ぶのもよし、ベースのアルコールで選ぶのもよし。お気に入りの一杯を味わいながら、思い思いの夜を過ごそう。

マンハッタン
バーボンを甘口のスイートベルモットで割った、別名カクテルの女王

ニューヨーク
ウイスキー×オレンジビール×ライムジュースでほろ苦く爽やかな甘さ

コスモポリタン
ウォッカにクランベリージュースをプラス。ドラマにもよく登場する

ミッド
タウン　別冊MAP P9C2

230フィフス
230 Fifth

1.ルーフトップは土・日曜およびイベント時には大混雑するので早めに行くのがベスト
2.ブルーベリー・コスモポリタン$14　3.土・日曜のブランチは11時30分〜16時。メイン$18〜、ドリンク$12〜

マンハッタンの光輝く摩天楼を望む

NY中心部に位置する高層ビルの人気ルーフトップ・バー。ビーチリゾートを思わせる開放的な屋外ガーデンは、居心地がよく、カジュアルでリラックスした空間。エンパイア・ステート・ビルを間近に、マンハッタンのきらびやかな夜景とお酒が楽しめる。平日の16〜17時はハッピーアワー。

DATA　交MR・W線28 ST駅から徒歩2分　住230 5 Ave. (bet. W.26 & W.27 Sts.) ☎ (1-212) 725-4300　時14時〜翌1時(木曜〜翌2時、金曜〜翌3時、土曜11時30分〜翌4時、日曜11時30分〜) ※金・土曜の20時以降はカバーチャージ$15必要　休なし

ミート・パッキング・ディストリクト　別冊MAP P20B4

ガンズヴォート・ルーフトップ
Gansevoort's Rooftop

ハドソン川を一望しながらランチもできる

ミート・パッキングの「ガンズヴォート・ホテル」最上階にあるルーフトップ・バー＆ラウンジ。ハドソン川とチェルシー、ミッドタウンのビルに囲まれており、夕暮れどきは特に美しい景色が望める。13時からオープンしている日もあるので、軽い昼食がてらゆっくりとした時間を楽しみたい人におすすめ。ミニマムチャージあり(オフピーク時$50、ピーク時$75)。

DATA　交MA・C・E線14 ST駅から徒歩10分　住18 9 Ave. (at W.13 St.) ☎ (1-212) 660-6700　時16〜23時(木曜〜24時、金・土曜13時〜翌1時、日曜13〜22時)　休月曜

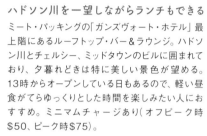

1.広々としたスペース。西側にハドソン川の景色が広がる
2.フード$12〜、プロセッコ$14
3.マンゴーピューレが入ったウォッカベースのカクテル。カクテルは$16〜

NYスタイルのポーターハウス・ステーキを食べるなら
お肉のクオリティにこだわる
老舗ステーキハウス

アメリカングルメの代表格といえばステーキ。なかでもテンダーロイン部分をたっぷり含んだ
ポーターハウス・ステーキはボリュームも満点だから、ダイナミックにかぶりつこう。

\ ポーターハウス・ステーキ /
$99(2名〜)

\ プライム・ポーターハウス・ステーキ /
$138(2名〜)

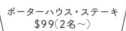

1.サーロインとフィレ肉が一緒になった定番メニュー　2.アメリカの歴代大統領やセレブも通うNYで一番古いステーキハウス　3.屋根上にある牛のマスコットが目印

1.ほどよいやわらかさと、熟成された深い味わいに定評がある名物メニュー　2.天井に所狭しと吊るされたパイプコレクションは圧巻　3.店の隣にはバーも併設

チェルシー　別冊MAP P20B3
オールド・ホームステッド・ステーキハウス
The Old Homestead Steakhouse

ニューヨーク最古の老舗
1868年創業で、自慢の味を150年以上も引き継いでいる。アメリカ国内ではトップブランドとして知られるカンザス州産ビーフを使用し、肉のうま味が存分に楽しめるように、味つけは塩、コショウのみ。日本のWagyu(和牛)ステーキも用意。

> DATA　交MA・C・E・L線8 AV駅から徒歩3分　住56 9 Ave. (bet. W.14. と W.15 Sts.)　☎(1-212) 242-9040　時17〜21時(土曜〜22時、月曜16時〜)　休月曜

ミッドタウン　別冊MAP P11C4
キーンズ・ステーキハウス
Keens Steakhouse

130年の歴史を感じる古き良きスタイルの店
伝統と風格にあふれた落ち着きのある店で、1885年創業。ステーキはフィレ・ミニオン、Tボーンなど5種類あるが、サーロイン、テンダーロインを香ばしく焼いた、そそり立つ骨が迫力満点のポーターハウスが人気。サラダやデザートなども豊富で地元の固定ファンも多い。

> DATA　交MB・D・F・M・N・Q・R・W線34 ST-HERALD SQ駅から徒歩3分　住72 W.36 St. (bet. 5 & 6 Ave.)　☎(1-917) 265-8057　時11時45分〜22時30分、(土曜は17時〜、日曜は17時30分〜21時30分)　休なし

プチ情報　ウルフギャングス・ステーキハウスのマンハッタンにあるそのほかの店舗は、パーク・アヴェニューの本店(別冊MAP●P9D1)、タイムズ・スクエア(別冊MAP●P22A3)、ミッドタウン(別冊MAP●P11D2)。

おいしくステーキを味わうポイント

🍴 肉の部位
自分好みの部位を選ぼう。脂身が苦手ならフィレ、脂身好きならリブアイと、肉(部位)の特徴を把握しておこう。

🍴 焼き方
一般的にはレア、ミディアムレア、ミディアム、ウェルダンだが、焼き過ぎないほうが肉のジューシー感が楽しめる。

🍴 味付け
肉のうま味が味わえるように塩、コショウのみの味付けが多い。店のオリジナルソースがある場合は試してみるのもよい。

USDAプライム・ビーフ・ステーキ $129(2名)
※支払いは現金のみ

プライム・ポーターハウス・ステーキ$131(2名)

1.シングルから揃うステーキメニューは店オリジナルのソース付き　2.ミシュランの1ツ星も獲得するステーキハウスの代表格　3.お得なランチメニューもあるカジュアルな雰囲気

1.農務省で高品質と認定されたブラックアンガスビーフを使用　2.アンティーク風のアーチを描いた天井が特徴　3.平日はビジネスマンで賑わうトライベッカ店

ウィリアムズバーグ　別冊MAP P16B4

ピーター・ルーガー・ステーキ・ハウス
Peter Lugar Steak House

地元でも絶賛される人気店

NYステーキランキング上位の常連店。ポーターハウス・ステーキの火付け役的存在で、最高級のポーターハウス部位のみを使ったステーキはやわらかくてジューシー。うま味が凝縮された肉汁を使った、フルーティな甘さが特徴の特製ソースとの相性も抜群。

DATA　交MJ・M・Z線MARCY AV駅から徒歩5分　住178 Broadway (at Driggs Ave.)　☎(1-718) 387-7400　時11時45分〜21時45分(金・土曜は〜22時45分、日曜は12時45分〜)　休なし

トライベッカ　別冊MAP P6B4

ウルフギャングス・ステーキハウス
Wolfgang's Steakhouse

じっくり熟成させたビーフにうま味が凝縮

ピーター・ルーガーで40年以上働いたウルフギャング氏がオープンし、ニューヨークだけで5店舗を展開する人気店。28日間にわたり温度・湿度を管理しながら熟成させ、やわらかく仕上げた「ドライエイジド・ビーフ」を使用するのが特徴。

DATA　交M1線CANAL ST駅から徒歩6分　住409 Greenwich St.(bet. Beach & Hubert Sts.)　☎(1-212) 925-0350　時12〜22時(金・土曜は〜23時)　休なし

人種のるつぼ、ニューヨークならでは！

本格的な味わいに舌鼓
エスニックタウン・グルメ

世界各地から移住者が集まるNYには、インターナショナルな料理が勢揃い。本場の味がリーズナブルに楽しめて、ニューヨーカーも足しげく通う絶品エスニック料理店をご紹介！

中国料理 / 別冊MAP P7C4
●チャイナタウン

ジョーズ・シャンハイ（鹿鳴春）
Joe's Shanghai

行列ができるおいしい小籠包

『ザガット』や『ニューヨーク・タイムズ』で絶賛された小籠包で知られるチャイニーズレストラン。アツアツのスープが入った小籠包はモチモチの皮がたまらない。なかでも新鮮で濃厚な味わいのカニ味噌入り小籠包が店の一番人気。土日は行列ができることが多いので平日がおすすめ。予約は10人以上から可能。支払いは現金のみ。

カニ入り小籠包
Crab Meat with Pork Meat Steamed Bun
$13.95

カニの身と、とろみのついたカニのダシたっぷりの濃厚スープがギュッと詰まった一品

DATA 交M6・J・N・Q・R・W・Z線CANAL ST駅から徒歩6分 住46 Bowery St.☎(1-212)233-8888 時11〜23時 休なし

イタリア料理 / 別冊MAP P7C2
●イースト・ビレッジ

イル・ブーコ・アリメンタリ・エ・ヴィネリア
Il Bucco Alimentari e Vineria

こだわり素材のイタリアン

シンプルな味つけで評判が高いイタリアンの名店。オーナー自らがイタリアに出向いて食材を仕入れるこだわりようで、ホームメイドのブレッドやサラミ、旬の野菜メニューなどが味わえる。

店の手前にはカフェ、グローサリースペースも併設

DATA 交M6線BLEECKER ST駅から徒歩5分 住53 Great Jones St.(bet. Bowery & Lafayette Sts.) ☎(1-212) 837-2622 時11時30分〜22時(木・金曜〜23時、土曜11〜23時、日曜11時〜) 休なし

メイン料理
$38〜

肉や魚介と野菜を組み合わせたボリューム満点のメイン料理は季節ごとに変わる

プチ情報 イースト・ビレッジにあるセント・マークス・プレイス(別冊MAP●P7D1)の両側には、日本風の居酒屋やラーメン店も多くなった。週末には若者が集まり夜遅くまで賑わっている。

NYのエスニックタウン

人種のるつぼといわれるニューヨークには、さまざまな移住者が住みつき、街を形成している。市街にある主なエスニックタウンはこちら。

リトル・イタリー
別冊MAP●P19C4
イタリア南部からの移住者が形成。近年、縮小傾向にある。

チャイナタウン
別冊MAP●P7C4
約180年の歴史を誇り、商店の約30%がレストランを経営。

コリアンタウン
別冊MAP●P9C1
西32丁目を中心にして、韓国系の食材店や飲食店などが並ぶ。

ヘルズ・キッチン
別冊MAP●P10A3
産業発展の中心地だったところ。治安がよくないので注意。

牛肉のステーキ、サルサソースとオニオン&ペッパー添え
Ropa Vieja(手前右)
$25

細かくスライスした牛肉をサルサソースで味付け。チップスとの相性も抜群。ライス付き

地中海地方のシーフードメニューも豊富に揃う

●グリニッチ・ビレッジ

キューバ料理　別冊MAP●P6B2

キューバ
Cuba

陽気な店でラテン料理を

『ザガット』のカリブ海料理部門で上位に入る有名店。キューバ料理をはじめ、ラテン、スペイン料理なども楽しめ、自家製のモヒートやサングリア各$15も自慢メニューの一つ。カリブ音楽が流れる開放的な店内で、木〜土曜の夜は生バンドのライブも行われる。

DATA　交MA・B・C・D・E・F・M線W 4ST WASH SQ駅から徒歩7分　住222 Thompson St.(bet. Bleecker & W.3 Sts.)　☎(1-212)420-7878　時12〜22時(木曜〜23時、金・土曜〜24時)　休なし

●ミッドタウン

地中海料理　別冊MAP●P10A1

カシュカヴァル・ガーデン
Kashkaval Garden

ワイン&チーズバーで優雅に

豊富な地中海メニューが味わえるレストラン。主に野菜を使ったヘルシーな地中海タパスや、常時30〜35種が揃うチーズ、生ハムなどと味わうワイン(グラス$13〜)は格別。16〜19時はハッピーアワーとなっており、お得にドリンクを楽しめる。

カウンター席の奥にはテーブル席もあり広々としている

地中海タパスプレート(一例)
$22〜

色鮮やかな生ハムや種類豊富なチーズとの相性も抜群

DATA　交M1・A・B・C・D線 59 ST-COLUMBUS CIRCLE駅から徒歩5分　住852 9th Ave.　☎(1-212) 245-1758　時12時〜22時30分(木〜土曜は〜24時、週末ブランチは12〜16時)　休なし

ニューヨーカー御用達のグルメスポット

大注目の
スタイリッシュなフードコート

レストラン激戦区のNYでは現在、スタイリッシュなフードコートが急増中。
有名店や高級店も続々と参戦し、気軽に楽しめるグルメスポットとして話題になっている。

おすすめフードセレクション

チッチ・ディ・カルネ Cicci di Carneの
スモーク・パストラ・ミ・アッラ・ダリオ

トスカーナ風のパスト
ラミサンドやポルシェ
ッタ(ローストポークの
薄切りサンド)などが
楽しめる

$16

サモト Sa'Motoの
ラスカ・タンタン

味噌ひき肉、アイ
スバーグレタス、ネ
ギ、ラー油入り。ス
パイシーなゴマ・コ
コナッツブロスが
ベース。

$18

1.清潔感があり、広々としていて過ごしやすい 2.『クリスピーライ
ス』では焼きおにぎりとお寿司が合体したクリスピーライスなどを
販売 3.ハドソン・ヤーズ室近のフードホール

 ミッド タウン・ ウエスト ／ 別冊 MAP P8A1

シチズンズ・ ニューヨーク
Citizens New York

クリスピーライス Krispy Riceの
ハンドロールセット

スパイシーツナやクリ
スピーシュリンプなど
のハンドロールとエビ
フライが入ったボリュー
ム満点なセット。日本
食が恋しくなったらコ
レをチョイス!

$28

さまざまなジャンルの店が並ぶ

3716㎡の広さを誇るゆったりとした空間で食事がで
きる。ハンバーガーからハンドロール、アジア系フュー
ジョン料理までさまざまなファスト・カジュアル ダイニ
ングを提供する12店と、レストランとバーが4店集ま
る。"日本風"のメニューが豊富に揃う。

DATA 交MA・C・E線34 St-Penn Stationから徒歩5分
住Manhattan West Plaza,385 9th Ave. ☎ (1-212) 938-
0805 時月～金曜11～16時 休土・日曜※店舗による

 プチ 情報 高級フードコートの先駆けともいえるのがグルメマーケット「チェルシー・マーケット」(→P96)。
こちらもぜひ訪れたい。

Check！　ペンシルバニア駅直結のフードホールが誕生

ミッドタウン・ウエスト　別冊MAP P8B1

モイニハン・フード・ホール
Moynihan Food Hall

ペンステーションに直結したモイニハン・トレインホールにオープン。スタバやブルーボトルコーヒー、バー、寿司店など20店舗が入店し、駅の利用客の空腹を満たしてくれる。

DATA ㊇MA・C・E線 34ST-PENN STATIONすぐ　㊟421 8th Ave ☎なし　時10〜22時（バーは〜24時30分）休無休

歴史的建造物をリノベした美しい駅舎

駅でのちょっとした時間にも立ち寄りやすい

©Daniel Krieger

おすすめフード

$23

チョップ Choptの
サラダ
60種類以上の新鮮な食材と20種のドレッシングを選んで好みの味に

$12〜

カズノリKazuNoriの
カット ロールズ
写真の持ち帰り用のトロ、ホタテ、キュウリ、カニが4ピースずつの全部で16個入り

ジュミエカ Jumiekaの
ジャークチキン ライス＆ピーズ
こんがりと燻されたスパイシーなチキン。ライスビーズ入りかピーズなしか選べる

$18

 おすすめフード

ロウアー・マンハッタン　別冊MAP P4B2

ハドソン・イーツ
Hudson Eats

ミッドタウン・イースト　別冊MAP P25D4

ヒュー
the hugh

NYのトレンドがわかるラインナップ
ブルックフィールド・プレイスの2階にあり、ワールド・トレード・センター見学前後の食事スポットとして活用度大。座席数も多く、広々とした空間が魅力。「ブルー・リボン・スシ」など、グルメのトレンド店として話題の13軒が入れ替わり入る。

DATA 交MFE線WORLD TRADE CENTER駅、A・C線CHAMBER ST駅から徒歩5分 住230 Vesey St. ☎(1-212)978-1673 時8〜21時（日曜は〜19時）※店舗により異なる 休なし

開放的な雰囲気が居心地のよさ
緑が生い茂る屋外広場をイメージした飲食スペース。定番のハンバーガー、ピザはもちろん、メキシコ、タイ、韓国、ジャマイカ、パキスタンなど多国籍なメニューまで16の飲食キオスクとバーが併設。屋外にも公共スペースが広がる。天気のよい日は外で食べても気持ちいい。

DATA 交ME・M線LEXINGTON AV/53 ST駅すぐ 住157 E. 53rd St. ☎なし 時7〜21時※店舗により異なる 休土・日曜

朝寝坊しても安心！

ニューヨーカーが通う
ブランチ・スポット

ニューヨーカーの日常に欠かせない、落ち着いてゆったり食事を楽しむブランチの時間。
数あるブランチメニューのなかでも、みんなが大好きなメニューを揃えた名店を厳選！

**グリーン
ポイント** 別冊
MAP
P3C2

ファイブ・リーヴス
Five Leaves

ブルックリンの人気ブランチスポット

いつも行列ができている人気店。パンケーキ
やトースト、グレンボウル、グラノーラなどの朝
ごはんは「ブランチメニュー」として15時まで
提供。並びたくなければ開店直後か14時過
ぎを狙おう。

DATA 交MG線NASSAU AV駅から徒歩3
分 住18 Bedford Ave. ☎(1-718)383-
5345 時8～23時 休なし

リコッタ・パンケーキ
Ricotta Pancakes $20

キャラメルが香るハニーコーム（蜂
の巣）バターと100％純正メープル
シロップ、バナナ、いちご、ブルーベ
リー付き

こぢんまりとした内
装。バーカウンター
と、気候のよい季
節はテラス席も

**アッパー・
ウエスト・
サイド** 別冊
MAP
P12A1

サラベス
Sarabeth's

朝食＆ブランチの名店

1981年にジャム＆ベーカリーの専門店としてオ
ープン以来、ニューヨーカーに愛される人気店。
ブランチの定番であるパンケーキやワッフル、エ
ッグ・ベネディクトは、平日16時まで朝食メニュ
ーとしてオーダーでき、味わうことができる。

DATA 交M1線79 ST駅から徒歩3分
住423 Amsterdam Ave. (at W.80 St.)
☎(1-212) 496-
6280 時8～22時
ブランチは土・日曜
の8～17時休なし

サーモン・エッグ・ベネディクト
Salmon Eggs Benedict
$27

卵の黄身とオランデーズソースが合
わさり濃厚でクリーミーな味わい

これも
オススメ!!!

焼きたてのマフィン
もおすすめ

新鮮なイチゴとバナナを添えたバターミル
ク・パンケーキ$26

プチ
情報 『ニューヨーク・マガジン』で "ベストパンケーキの店" と紹介された「クリントン・ストリート・ベイキング・
カンパニー＆レストラン」や、"朝食の女王" と掲載された「サラベス」は、その後大ブレーク。さて、お次は…!?

Check　ダイナーで食べたい朝食メニュー

アッパー・イースト・サイド　別冊MAP P13D1　**レキシントン・キャンディ・ショップ**
Lexington Candy Shop

1925年にキャンディ・ショップとしてオープン、その後ダイナーとして今も続く老舗。古くから通う常連客も多い。

DATA　交M4・5・6線86 ST駅から徒歩5分　住1226 Lexington Ave. (at 83 St.)　☎(1-212) 288-0057　時7〜18時(土曜は8時〜、日曜は8〜16時)　休なし

フレンチ・トースト$13.95

ミルクシェイク$11.45

ベーコンとホウレン草のチェダーチーズオムレツ$16.95

アッパー・ウエスト・サイド　別冊MAP P12A1　# グッド・イナフ・トゥ・イート
Good Enough to Eat

映画『ユー・ガット・メール』にも登場

BLTオムレツやフレンチ・トーストなどオールドアメリカンな家庭料理が食べられる。特に週末のブランチともなるといつも行列ができるほどで、列は昼過ぎまで途切れることはない。名物のパンケーキは17時までのオーダーなので注意。

DATA　交M1線86 ST駅から徒歩5分　住520 Columbus Ave. (at W.85 St.)　☎(1-212) 496-0163　時8〜22時(土・日曜は9時〜)　休なし

40年以上の歴史をもつ老舗

ベーコン・ワッフル
Bacon Waffle $18

ベーコン入りワッフルとストロベリー・ホイップバターの相性が抜群

各種サンドイッチ($17〜)は11時からオーダー可能

これもオススメ!!!

ロウアー・イースト・サイド　別冊MAP P7D2　# クリントン・ストリート・ベイキング・カンパニー＆レストラン
Clinton St. Baking Company & Restaurant

地元人気No.1のパンケーキ

NYのベスト・パンケーキに選ばれたこともあるブルーベリー・パンケーキは生地に新鮮なブルーベリーを練り込んでいて、フワフワなのにしっとり感もある逸品。エッグ・ベネディクトやフレンチ・トーストなどもあり、目移り必至。

DATA　交MF線2 AV駅から徒歩8分　住4 Clinton St. (bet. E Houston & Stanton Sts.)　☎(1-646) 602-6263　時9〜16時、ディナーは水〜土曜のみ(17時30分〜22時)　休なし

平日でもブランチ時は行列ができるほどの人気店

これもオススメ!!!

ブルーベリーのパンケーキ
Wild Maine Blueberry Pancake with Maple Butter $18

フカフカのパンケーキをメープルバターにたっぷり浸すのが流儀

メキシカン風の朝食ウーボス・ランチュロ$17

都会の喧騒から離れてひと休み

スイーツもおいしい
くつろぎカフェ

コーヒーの香りに包まれ、カフェで読書やおしゃべりをして時間を過ごすニューヨーカーも多い。
こだわりのコーヒーや甘さ控えめのデザートを楽しみながら、カフェをめぐってみよう。

長居したくなる

地元客から愛される実力派

1.ルネッサンス時代の絵画が並ぶ店内　2.ティラミス$5.75とカプチーノ$3.75は大人の味わい　3.入口近くには、メディチ家が使っていたというベンチも

グリニッチ・ビレッジ　別冊MAP P17B2

1.飾り気のない雰囲気がニューヨーカーからも好評。通りに面したベンチ席でもくつろげる
2.カプチーノとアップルクランベリーのマフィン

グリニッチ・ビレッジ　別冊MAP P17B1

カフェ・レッジオ
Caffe Reggio

NYにカプチーノをもたらした店
創業は1927年で、アメリカに初めてカプチーノを伝えた老舗カフェ。店内はイタリア・ルネッサンス時代のようで、数々の映画にも登場した。

DATA　交MA・B・C・D・E・F・M線W 4 ST-WASH SQ駅から徒歩4分　住119 MacDougal St.(bet. Minetta Ln. & W. 3 St.)　☎(1-212) 475-9557　時9時～翌3時(金・土曜は～翌4時30分)　休なし

ジョー・コーヒー
Joe Coffee

ニューヨーカー御用達の本格コーヒー
ブルックリンのレッドフックで焙煎した豆で淹れるコーヒーは、ニューヨーク・ベストコーヒーランキングで1位を獲得するほどのおいしさ。ハウスドリップコーヒーやカフェオレなど提供。

DATA　交MA・B・C・D・E・F・M線W 4 ST-WASH SQ駅から徒歩3分　住141 Waverly Pl.　☎(1-212) 924-7400　時7～20時(月曜は～19時)　休なし

プチ情報　最近少しずつ増えているヨーグルトカフェ。地元のベンチャー企業も「チョバーニ」(別冊MAP●P18A2)を出店。今後ヨーグルトブームが到来!?

テイクアウトならココも！

グリニッチ・ビレッジ 別冊MAP P17B1

ストンプタウン・コーヒー
Stumptown Coffee

市内に数カ所あるグリニッチ・ビレッジ店。カフェの奥にはバリスタがドリップしてくれるブリュー・バーもある。

DATA 交MACE、BDFM線 W 4 St Wash Sq駅から徒歩2分 住30 W 8th St. ☎(1-855)711-3385 時6時30分〜18時（土曜は7〜19時）※カフェは7時〜17時30分（土・日曜8〜16時） 休なし

ウィリアムズバーグ 別冊MAP P16A2

ブルー・ボトル・コーヒー
Blue Bottle Coffee

カリフォルニア生まれのエスプレッソバー。48時間以内に焙煎した豆を使い、香り豊かなコーヒー$4.50に。

DATA 交ML線BEDFORD AV駅から徒歩5分 住76 N.4th St.StoreA ☎なし 時6時30分〜18時30分（土・日曜は〜19時） 休なし

絶品スイーツ

パイといえばココ

1.セピア色の大きな絵画が印象的な店内 2.エスプレッソ$4.90がおすすめ。各種デザートをいっしょにぜひ 3.夜はバーとしても人気を集めている

1.食事メニューも充実。ランチやディナータイムには家族連れで賑わう 2.アップルパイ$9〜はテイクアウトも可 3.パイのほか、マフィンやチーズケーキも人気

グリニッチ・ビレッジ 別冊MAP P17B3

カフェ・ダンテ
Caffe Dante

芸術家に愛され続けた老舗

NYを代表するアーティストのたまり場だったカフェとして有名。ジェラートやティラミス、カンノーリなどのイタリアンデザートが充実。

DATA 交MC・E線SPRING ST駅から徒歩6分 住79-81 Macdougal St.（bet. E.Houston & Bleecker Sts.） ☎(1-212)982-5275 時10〜24時 休なし

トライベッカ 別冊MAP P6B4

バビーズ
Bubby's

定番のアメリカンパイが大人気

ホームメイド・パイでおなじみ。手作り生地にシナモンの香り漂うリンゴがたっぷりのアップルパイは、ニューヨーカーが愛してやまない味だ。

DATA 交M1線FRANKLIN ST駅から徒歩2分 住120 Hudson St.（at N.Moore St.） ☎(1-212)219-0666 時8〜22時（金・土曜は〜23時） 休なし

ニューヨーカーも大好き！
カラフル＆キュートな
カップケーキ

ふわふわのスポンジケーキの上にカラフルなアイシングをのせ、見た目もキュートでかわいいカップケーキ。
味もさまざまに進化して、やみつきになること間違いなし！

A

B

バナナチョコ$6.95。チョコの甘さにバナナクリームが混ざり合い相性抜群

C

バニラ／バニラ$4.50。バニラの土台にピンクのアイシング。淡いカラーが同店の特徴

甘酸っぱい風味のイチゴ入りの生地にたっぷりのピーナッツバターをのせたストロベリー$3.50

プレーンの生地に香り豊かなチェリークリームをのせたチェリー$6.95

バニラ／チョコレート$4.50。ほろ苦いチョコ味のスポンジと濃厚なバタークリームがマッチ

A

A

B

C

ミント・チョコレート・カップケーキ$3.5は、ミント味のフロスティングがおいしさの決め手

A ●ウエスト・ビレッジ
マグノリア・ベーカリー

Magnolia Bakery
別冊MAP ● P17A1

ブームの火付け役的存在
ドラマ「セックス・アンド・ザ・シティ」に登場し、一躍有名に。アメリカのカップケーキを象徴するような、甘いアイシングと軽い食感の生地が特徴。週末は行列ができることも。

DATA 交M1線CHRISTOPHER ST-SHERIDAN SQ駅から徒歩7分 住401 Bleecker St. (at W.11 St.) ☎(1-212) 462-2572 時9時30分～22時（金・土曜は～23時）休なし

B ●ロウアー・イースト・サイド
シュガー・スイート・サンシャイン・ベーカリー

Sugar Sweet Sunshine Bakery
別冊MAP ● P19D2

カラフルな色合いが評判
オーナーはマグノリア出身の女性2人。フワフワ生地にカラフルなアイシングがのったカップケーキは常時15種ほど。客足が絶えないほどの人気。

DATA 交F・J・M・Z線DELANCEY ST/ESSEX ST駅から徒歩3分 住126 Rivingston St. (bet. Norfolk & Essex Sts.) ☎(1-212) 995-1960 時8～19時（金曜は～20時、土曜は10～20時、日曜は10～18時）休なし

C ●ロウアー・イースト・サイド
エリン・マッケナーズ・ベーカリーNYC

Erin Mckenna's Bakery NYC
別冊MAP ● P19D3

ナチュラル素材を使用
小麦粉、グルテン、砂糖、乳製品を一切使わないヴィーガンにこだわったカップケーキの数々。体にやさしいと、リピーターも多い。

DATA 交F・J・M・Z線DELANCEY ST/ESSEX ST駅から徒歩2分 住248 Broome St. (bet. Ludlow & Orchard Sts.) ☎(1-212)677-5047 時10～20時（金・土曜は～21時）休なし

プチ情報 NYではカップケーキの次に、クロワッサン生地をドーナッツ状に揚げ、クリームを詰めたり、アイシングでデコレートしたクロナッツブームが到来。生みの親、ドミニク・アンセル・ベーカリー（→P102）には長蛇の列も。

and more…

カラフルキャンディをおみやげに

ハドソン
ヤーズ　別冊MAP　P8A1

ディランズ・
キャンディ・バー
Dylan's Candy Bar

ラルフ・ローレン氏の娘、ディラン氏がオーナーの雑貨も人気のスイーツ店。店内には5000種ものキャンディが並ぶ。オリジナルの缶ケース入りグミ＄17などみやげにも持ち帰りたいアイテムが多数揃う。

DATA（→P28）

カラフルな色合いが楽しいロリーポップ＄4

ユニークな味が揃うチョコレート・バー各＄3.75

赤いスポンジにチーズ風味のクリームがのったレッド・ベルベッド＄5

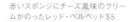

D チョコ生地に、チョコクリームとチェリーをのせたチェリーチョコ＄4.25

E 甘さ控えめのストロベリークリームが◎のストロベリー＄5

F 香ばしくやさしい甘さのブリュレと、ベリーの酸味が相性抜群のクレーム・ブリュレ＄3.90

D ニンジンやシナモンバター、ココナッツなどを合わせたキャロット＄4.25

E

F 濃厚なチョコレートクリームを使用したボストン・クリーム＄3.90

D ●チェルシー
ビリーズ・
ベーカリー
Billy's Bakery
別冊MAP ● P20B1

素朴な味のカップケーキ
伝統的なアメリカの味わいを残したカップケーキで中身はフワフワ。アイシングはバニラとチョコレートの2種類で、素朴な味わいが楽しめる。手作りチーズケーキも評判。

DATA 交MC・E線23 ST駅から徒歩6分 住184 9 Ave. (bet. W.21 & W.22 Sts.) ☎(1-212) 647-9406 時9～23時（日・月曜～21時、火・水曜～22時）休なし

E ●ミッドタウン
スプリンクルズ・
カップケイクス
Sprinkles Cupcakes
別冊MAP ● P25D2

カップケーキのATMで話題に
LA発のカップケーキ専門店。ナチュラルな素材を使っており、どれも甘すぎない味わい。季節ごとに変わるものも含め、常時15種ほどのフレーバーが揃う。

DATA 交M4・5・6・N・R・W線59 ST駅から徒歩1分 住780 Lexington Ave. (bet. 60 & 61 Sts.) ☎(1-212) 207-8375 時10～21時（金・土曜～22時、日曜～20時）休なし

F ●グリニッチ・ビレッジ
モリーズ・
カップケイクス
Molly's Cupcakes
別冊MAP ● P17B3

ドレスアップした華やかケーキ
毎日手作りにこだわり、カップケーキを焼くショップ。大人気のクレーム・ブリュレなどきれいにデコレーションされたカップケーキが並ぶ。季節ごとに変わるメニューも魅力。

DATA 交MA・B・C・D・E・F・M線W 4 ST WASH SQ 駅から徒歩2分 住228 Bleecker St. (bet. Downing & Carmine Sts.) ☎(1-212) 414-2253 時10～21時（季節により異なる）休なし

甘いものは別腹!
絶対食べたい王道の店をご紹介!
アメリカン・スイーツ

見た目で食欲をそそるアメリカン・スイーツは、甘さはもちろん、ボリューム感も重要!
しっとりしたチーズケーキやニューヨーカーも大好きなアイスクリームなどを紹介。

ミッドタウン **別冊 MAP P22A2** ## ジュニアズ
Junior's

名物チーズケーキの本家

ブルックリンで誕生した老舗ダイナー。看板メニューは、自家製ニューヨーク・チーズケーキ。しっとりした食感にコクのある濃厚な味わいがやみつきになる。

```
DATA    交M1・2・3・7・N・Q・R・S・W
線TIMES SQ-42 ST駅から徒歩3分  住1515
Broadway  ☎ (1-212) 302-2000  時7〜
24時(金・土曜は〜翌1時)  休なし
```

チーズケーキ・プレーン
(6インチ) $22

クリーミーな口当たりと芳醇な香りが魅力。7インチ$30や8インチ$45も販売

チーズケーキ・
ラズベリー・スウィル
(6インチ) $23

甘酸っぱいラズベリーのピューレが、濃厚なチーズケーキの甘さをより引き立てる

※現在チーズケーキの
形は丸型

ストロベリーNY
チーズケーキ $6.50

イチゴがたっぷりで見た目もキュート

NYチーズケーキ
$5.50

しっとり&濃厚なチーズケーキ。
1ピースは大きめ

イースト・ビレッジ **別冊 MAP P7D1** ## ヴェニーロズ
Veniero's

創業100年を超える老舗の味

1894年にキャンディストアとしてオープン。NYチーズケーキ$5.50はさっぱりとしていて甘すぎず、日本人の口にも合う。

```
DATA    交M6線 ASTOR PL駅から徒歩15分
住342 E. 11th St. (bet. 1 & 2 Ave.)  ☎(1-212) 674-
7264   時8〜22時(金・土曜は〜23時)  休なし
```

ソーホー **別冊 MAP P18B3** ## エイリーンズ・スペシャル・
チーズケーキ
Eileen's Special Cheesecake

チーズケーキだけで20種が並ぶ

ソーホーで30年以上続く老舗。まったりと濃厚だが、甘すぎない味わいで地元ファンも多い。色とりどりのチーズケーキは20種以上を用意。小さめの1人前サイズもあり、つい多めに購入したくなる。

```
DATA    交M6線SPRING ST駅から徒歩1
分  住17 Cleveland Pl. (at Kenmare St.)
☎ (1-212) 966-5585   時11〜19時(金・
土曜は〜20時)  休なし
```

ストロベリー・
チーズケーキ
(6インチ) $30

クッキー生地に、少し酸味のあるチーズクリームとたっぷりのイチゴをのせた逸品

レッド・ベルベット
チーズタルト $6

目を引く真っ赤なスポンジはココアフレーバー。上のフロスティングは上品な味

まめちしき NYスイーツの定番、ニューヨーク・チーズケーキ。特徴はサワークリームと全卵入りの生地を湯煎焼きしてしっとりクリーミーに仕上げること。一説では、もともとニューヨークに移り住んだユダヤ人が作っていたお菓子だったとか。

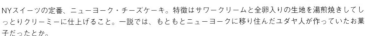

ピーターパンドーナツ・アンド・ペストリーショップ

グリーンポイント　別冊MAP P3C2

Peter Pan Donut & Pastry Shop

レトロな雰囲気の老舗ドーナツ店

50年代からグリーンポイントの地元の人々に親しまれてきた下町のドーナツ屋さん。オリジナルレシピで作られているドーナツは素朴な味で、食感はふわふわ。現金払いのみ。

DATA　交M G線NASSAU AV駅から徒歩1分　住727 Manhattan Ave.　☎(1-718) 389-3676　時4時30分〜18時(木・金曜は〜19時、土曜5〜19時、日曜5時30分〜18時)　休なし

ハニーディップ
$1.75
生地がフワフワで、ハチミツにディップされたオーソドックスでシンプルな味

スモア
$1.75
キャンプファイアーの定番デザート、スモアを思わせるチョコがかかったスイーツ

ベーコン・メープル・バー
$5.75
個性あふれる人気のオリジナルメニュー。塩味の利いたベーコンと芳醇な甘みのメープルがベストマッチ

ニュー・オールド・ファッション
$4.50
これぞ大定番!シュガーアイシングのかかったふわふわ食感のドーナツ

ドーナツ・プロジェクト

グリニッチビレッジ　別冊MAP P17B2

The Doughnut Project

クリエイティブなフローズンドーナツ

おしゃれな外観がニューヨーカーを惹きつけてやまないドーナツ店。定番の風味からドーナツの中にアイスクリームが入っている珍しいものまで、常に新しい味の発見ができるのが楽しい。

DATA　交M A・B・C・D・E・F・M線W 4 ST WASH SQ駅から徒歩5分　住10 Morton St.　☎(1-212) 691-5000　時9〜14時　休月・火曜

ドウ

チェルシー　別冊MAP P9C3

Dough

ブルックリン発のふんわりドーナツ

ブルックリンの屋外マーケットからスタートし、瞬く間に有名店に。ブリオッシュタイプの生地で作ったドーナツはふわりとした食感が特徴。定番のほか、ハイビスカスなどのユニークなフレーバーも人気。

DATA　交M 4・5・6・N・R・Q・W・L線14 ST-UNION SQ駅から徒歩6分　住14 W. 19th St.　☎(1-212) 243-6844　時9〜19時(日曜〜18時)　休なし

ハイビスカス
$5.65
酸味と甘みの調和がとれたハイビスカス。メキシコ産のドライハイビスカスを使用。

プレーン・グレイズド
$5.65
ふわふわ感とやさしい甘さを堪能できる王道の味

ポップバー

ミッドタウンウエスト　別冊MAP P23C4

Popbar

カスタムメイドの手作りアイス

エスプレッソ、旬のフルーツなど味と素材にこだわった約40種のアイスバーに、グラノーラ、チョコなど、好みのトッピングをしてくれる。素材は人工甘味料など一切使わず、100%ナチュラル素材を使用。

DATA　交M A・B・C・D・E・F・M線42 ST BRYANT PARK駅から徒歩5分　住15 W 38th St.　☎(1-212) 444-8141　時10時〜11時30分(時期により異なる)　休金〜月曜

ピスタチオ・チョコレート　$6.50
ピスタチオ風味のアイスに砕いたピスタチオをトッピング。ダークチョコとの相性も抜群

ストロベリー・チョコレート　$5.50
イチゴの風味豊かなシャーベット。爽やかな甘みで、さっぱりとした味わい

セルフカスタマイズしちゃおう

NYを代表する
お手軽ソウルフード

好みの食材を選んでカスタマイズできるデリフードは、ニューヨークでは一般的な食べ物。
ベーグル、ホットドッグ、サンドイッチなどを自分好みのテイストで気軽に楽しもう。

ベーグル

サーモンが
美味!

食感を
楽しんで!

ランチにも
おすすめ!

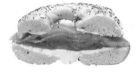

ベーグル	プンバーニッケル
フィリング	クリームチーズ＋
$16.95	スモークサーモン

100%ライ麦を使用したドイツの伝
統的なベーグルは酸味が特徴

ベーグル	エヴリシングベーグル
フィリング	クリームチーズ＋
$21	スモークサーモン

セサミ、オニオン、ガーリックが利いた
ベーグルはクセになる味

ベーグル	ポピーシード
フィリング	クリームチーズ＋
$17	スモークサーモン

ポピーシードの独特な香ばしさと濃
厚クリームチーズはやみつきに！

ミッド
タウン
別冊
MAP
P11D2

エッサ・ベーグル
Ess-a-Bagel

NYの有名ベーグル店
店舗奥で焼くベーグルはふんわりし
て、適度なモチモチ感。ベーグル約
10種、クリームチーズ、サラダなど
のフィリングを約20種用意。

DATA 交M6線51 ST駅から徒歩
2分 住831 3 Ave.(bet. E.50 &
E.51 Sts.) ☎(1-
212) 980-1010
時6〜17時 休なし

アッパー・
ウエスト・
サイド
別冊
MAP
P2B3

バーニー・グリーングラス
Barney Greengrass

ユダヤ系デリの老舗
1908年創業のユダヤ系デリ。チョ
ウザメやサーモンの有名店で、それ
らを挟んだベーグルが人気。分厚い
サーモンは食べごたえあり。

DATA 交M1線86 ST駅から徒歩3
分 住541 Amsterdam Ave.(bet.
W.86 & W.87 Sts.)
☎(1-212) 724-
4707 時8時30分
〜16時(土・日曜は
17時)休月曜

ロウアー・
イースト・
サイド
別冊
MAP
P19D1

ラス＆ドーターズ
Russ & Daughters

昔ながらのベーグルならココ
ハンドロールとオーブンで作る昔な
がらのベーグルは小ぶりでモチモ
チ。塩気と脂のバランスがとれたサ
ーモンのベーグルは絶品。

DATA 交MF線2 AV駅から徒歩3
分 住179 E.Houston St.(bet. Allen
& Orchard Sts.) ☎(1-212) 475-
4880 時8〜16時
休なし

プチ
情報
ベーグルはフィリング(具)との組み合わせを選べるのが魅力。定番のクリームチーズ＆サーモンのほかにも
レーズンやオリーブなどが入った変わり種ベーグルもあるのでお試しあれ！

Check ホットドッグ早食い選手権

10分間にいくつのホットドッグを食べられるかを競うネイサンズ主催の伝統選手権。毎年7月4日開催。日本人の小林尊氏が2001年から6連覇を達成したことでも知られる。

メニューはオリジナル、チーズ、チリチーズ、チリビーンの4種類を用意

ニューヨーク郊外　別冊MAP P3D2　**ネイサンズ・フェイマス**
Nathan's Famous

DATA 交MD・F・N・Q線CONEY ISLAND-STILL WELL AV駅から徒歩1分 住1310 Surf Ave. Brooklyn ☎(1-718)333-2202 時10〜23時(土・日曜は9時〜)※季節により変更 休なし

組み合わせが最高!

伝統的なNYスタイル

☺ ホットドッグ

オニオン・ドッグ
$2.95
あらびきフランクとケチャップ、オニオンを挟んだ人気メニュー

チリドッグ
$3.45
ビーンズ、タマネギ、数種のスパイスが入ったチリソースが決め手

ベーグル フィリング パンパーニッケルベーグル スカリオンクリームチーズ＋スモークサーモン $14
スカリオンクリームチーズはネギとクリームチーズの相性抜群。大きなスモークサーモンをサンドして食べごたえ◎。

ベーグル フィリング エブリシングベーグル 卵ベーコン＋アメリカンチーズ $7.99
飾り気のないアメリカの朝食に人気のタイプ。ベーグルは数種類のなかから選べる

リトルイタリー 別冊MAP P19C3

バズ・ベーグル・アンド・レストラン
Baz Bagel & Restaurant

オリジナリティあふれるサンド
店内にはテーブル席とカウンター席があり、朝食やランチにも使える。レギュラーメニューのおすすめのベーグルとフィリングの組み合わせは16種類。

DATA 交MBD線 GRAND ST駅から徒歩4分 住181 Grand St. ☎(1-212)335-0609 時7時30分〜14時(土・日曜〜15時)休なし

ブルックリン 別冊MAP P3D2

シェルスカイズ・ブルックリン・ベーグルズ
Shelsky's Brooklyn Bagels

重量感ありのNYスタイル
ベーグルや惣菜を販売するテイクアウト専門店。店内にはメニューがずらりと並び、奥にはキッチンも。

DATA 交MF・G・R線4 AV/9 ST駅から徒歩1分 住453 4th Ave.(at 10 St.) ☎(1-718)855-8817 時6時30分〜14時(土・日曜は7時〜16時)休なし

アッパー・ウエスト・サイド 別冊MAP P12A3

グレイス・パパイヤ
Gray's Papaya

ホットドッグのチェーン店
ホットドッグスタンドのチェーン。ザワークラウト、トマトソースがかかったホットドッグは$2.95〜。パパイヤジュース$3.45〜と一緒にどうぞ。

DATA 交M1・2・3線72 ST駅から徒歩1分 住2090 Broadway(at W.72 St.) ☎(1-212)799-0243 時8〜22時(木〜土曜〜23時)休なし

おいしいもの GOURMET

デリのオーダー方法

1 惣菜を選ぶ
ショーケースに並ぶ惣菜から好みのものを選ぶ。注文は店のスタッフにオーダーする方法と、自分で容器に詰めていく方法がある。

2 オーダーをする
スタッフにオーダーする場合、何をどのくらい欲しいか伝える。表記はパウンド（1lb ＝ 約450g）で、グラムではないことに注意。

3 レジで会計
スタッフが食材を容器に入れ軽量して値段シールを貼るので、それをレジで会計。自分で詰めた場合はレジで量って会計する。

サンドイッチ

人気の定番サンド

ヒーローズ
$17〜

3個のミートボール、モッツァレラチーズ、トマトソースのシンプルなバゲットサンド

ブリブリな具が魅力

ロブスター・ロール
$23〜

表面をカリカリに焼き上げたパンに大ぶりロブスターがたくさん！

ルークス・トリオ
$26.50

ロブスター、シュリンプ、カニが入ったハーフロールセット

ボリューム満点

パストラミ・サンドイッチ
$27.45

肉厚でジューシーなパストラミ・ビーフを惜しげもなくサンド

ルーベン・コンビーフ・サンドイッチ
$26.45

パストラミに比べてさっぱり味。好みでトッピングも追加可能

ヘルズ・キッチン　別冊MAP P10A2

ミートボール・ショップ
The Meatball Shop

ミートボールをいろんな味でメインのミートボール$10.50はビーフやポークなど5種類のボールと、トマト、クリームなど6種類のソースを自由に組み合わせて楽しめる。

DATA　交MC・E線50 ST駅から徒歩3分　住798 9th Av.　☎(1-212) 230-5860　時12〜23時（金曜〜24時、土曜11時30分〜24時、日曜11時30分）　休なし

ユニオン・スクエア　別冊MAP P21A4

ルークス・ロブスター
Luke's Lobster

ロブスター・ロールは必食
メイン州の卸元から直接仕入れる最高品質のロブスターを使った、小ぶりサイズのロブスター・ロールが有名。クラムチャウダーもある。

DATA　交M4・5・6・L・N・Q・R・W線14ST UNION SQ駅から徒歩3分　住124 Univercity Pl.　☎(1-646)692-3468　時11〜19時　休なし

ロウアー・イースト・サイド　別冊MAP P19D1

カッツ・デリカテッセン
Katz's Delicatessen

NYで最古、最大級のデリ
1888年創業の老舗。ハーブに漬けてスモークしたビーフがたっぷりのパストラミ・サンドをはじめ、伝統的なデリメニューが揃う。

DATA　交MF線2 AV駅から徒歩5分　住205 E. Houston St. (at Ludlow St.)　☎(1-212) 254-2246　時8〜23時（金曜8時〜日曜23時までは通しで営業）休なし

---

86 / プチ情報　NYスタイルのサンドイッチは、パンの種類が豊富。全粒粉パンから、ライ麦パン、ホワイトブレッドなど数種類を用意しているので、並んでいる時に決めておくとスムーズに注文できる。

Check　アフリカ系ソウルフード

ソウルフードの定番、フライドチキン、マカロニチーズ、カラードグリーン、ポークチョップの盛り合わせ「BBQリブ＆フライドチキンコンボ」$26

ハーレム　別冊MAP P15B1

シルビアズ
Sylvia's

ハーレムのランドマーク的レストラン。バーベキューリブ、フライドチキンなど創業から変わらない味が楽しめる。

DATA　交M2・3線125 ST駅から徒歩2分　住328 Malcolm X Blvd.　☎(1-212) 996-0660　時11〜22時(日〜火曜は〜20時)　休なし

そのほか

長いサラダカウンターがある

直接オーダーして作ってもらえる

ポテト感満載！

ポテト・クニッシュ
$4.25

マッシュポテトを小麦粉の生地で包んで焼き上げた、惣菜パン

ホールグレイン・クニッシュ
$4.25

オーツや大麦などの全粒穀物が入った生地は食物繊維たっぷり

ケール・シーザーサラダ・ウィズ・グリルドチキン
$12.49

ケールとロメインレタスをメインに、パルメザンチーズ、カリカリのクルトンにグリルドチキンをトッピング

カリフォルニア・コブ
$12.99

シャキシャキの食感のロメインレタスにオーブンでトーストしたチキン、アボカド、卵、グレープトマト、アーモンド入り

ユニオン・スクエア　別冊MAP P21A3

チョプト・クリエイティブ・サラダCo.
Chopt Creative Salad Co.

サラダ専門店の先駆者
米東部を中心に展開する一大サラダ専門チェーン。ニューヨークの店舗ではサラダの他にラップサンドがあり、店舗によっては温かいグレインボウルもある。

DATA　交M4・5・6・L・N・Q・R・W線14ST UNION SQ 駅から徒歩3分　住24 E. 17th St☎(646) 336-5523　時10時30分〜20時(土曜11〜17時、日曜11時30分〜17時)　休なし

ミッドタウン・イースト　別冊MAP P23C4

ジャスト・サラダ
Just Salad

サステナブルにも力を入れる
3種類の「クラシックサラダ」に4種類の「アイコニックサラダ」、2種類のラップサンドやトーストなどのメニューがある。

DATA　交M4・5・6・7・S線 Grand Central - 42 ST駅から徒歩5分　住2 E. 39th St.　☎(866) 673-3753　時10時30分〜17時(土・日曜はデリバリーのみ11〜20時)　休なし

ロウアー・イースト・サイド　別冊MAP P19C1

ヨナ・シメルズ・クニッシュズ
Yonah Schimmel's Knishes

クニッシュの老舗店
1910年創業のクニッシュ専門店。コールスローサラダなどとセットで出てくるクニッシュはマッシュ・ポテトや野菜がたっぷり入る。

DATA　交MF線2 AV駅から徒歩1分　住137 E. Houston St. (bet. Forsyth & Eldridge Sts.)　☎(1-212) 477-2858　時11〜17時　休なし

B級グルメの決定版！

国際色豊かなベンダーフード

移動式のフードトラックは街のあちこちに長い行列をつくるほど、いま人気沸騰中。
本格的な食事から、エスニック、スイーツまでバラエティ豊かなメニューを味わおう。

ライスに刻んだ鶏肉とレタス、ピタパンなどをのせたハラル・チキン $11（スモールは $9）Ⓐ

イスラム教の戒律にのっとって調理されたラム肉を使用。ハラル・ジャイロ $11（スモールは $9）Ⓐ

WMD チョコレート、ホイップクリーム、ストロベリーをトッピング。$11.99 Ⓒ

シュルーム・ステーキ・サンドイッチ $11.75、ポテト $4 Ⓓ

ヨーグルトにラズベリー＆クッキークラムをトッピング。スモール $7.95 Ⓕ

チキンやレタス、トマトをサンドしたチキンピタ $10 Ⓑ

ヤシの実から採った自然の甘みが特徴のパームシュガー。スモール $8 Ⓕ

Ⓐ ハラル・ガイズ
Halal Guys

ハラル・フード／別冊MAP ● P24B4

イスラム・フードのトラック。近隣のサラリーマンやOLでいつも賑わっている。

DATA 時Ⓗヒルトン・ミッドタウン前（→P125）は11時〜翌4時 休なし URLthehalalguys.com

Ⓑ アンクル・グッシー
Uncle Gussy's

ギリシャ料理／別冊MAP ● P11C2

チキンやシュリンプを選び、ジャイロとよばれるピタサンドにして提供。

DATA 時10〜15時 休土・日曜 URLunclegussys.com

Ⓒ ワッフルズ＆ディンジェス
Wafels & Dinges

ワッフル／別冊MAP ● P22B3

パールシュガー入りのリエージュと、外がカリッとしたベルギーワッフルが人気。

DATA 時9〜23時ごろ 休なし URLWafels.com

Ⓓ フィルズ・ステーキ
Phil's Steak

サンドイッチ／別冊MAP ● P24B4

名物のステーキサンドを求め行列ができるほど人気。出店場所は日により異なる。

DATA 時11〜14時ごろ 休季節により異なる URLphilssteaks.com

Ⓔ ヨーゴー
Yogo

フローズン・ヨーグルト／別冊MAP ● P23D2

なめらかでクリーミーなフローズン・ヨーグルト専門店。ベリー系フレーバーが中心。

DATA 時46 St. & Park Ave.は11時30分〜15時ごろ 休雨天 URLtwitter.com/yogo_nyc

Ⓕ ヴァン・リーウェン・アルチザン・アイスクリーム
Van Leeuwen Artisan Ice Cream

アイスクリーム／別冊MAP ● P18A2

新鮮なミルクとクリーム、サトウキビ、卵の黄身だけでつくるアイスクリームを販売。

DATA 時12〜18時ごろ 休冬期 URLwww.vanleeuwenicecream.com

プチ情報 ベンダーフードトラックは固定した店舗はなく、移動しながら営業しているため、別冊MAP上に掲載した場所にいないことがある。各店ともHPやフェイスブック、Xなどで最新の場所を発信しているのでチェックを！

Topic 4

おさんぽ
Walking

空にそびえ立つスカイスクレーパー。

何気ない場所に描かれたグラフィティ(壁画)アート。

絵になる風景を探してNYの街をおさんぽ。

晴れた日は外でランチが地元流！

セントラル・パークで テイクアウトランチ！

セントラル・パークとハイラインはニューヨーカーの憩いの場。園内にはベンチも多いのでランチスポットとしても人気。晴れた日には食事を兼ねて、散策を楽しもう。

アップタウン ／ 別冊 MAP P12B1〜C4

セントラル・パーク
Central Park

ニューヨーカー自慢の緑の公園

マンハッタンの中心に位置する広大な公園。フレデリック・ロウ・オルムステッドとカルヴァート・ヴォックスによって設計された。南北約4km、東西約800mにも及ぶ長方形をしており、芝生の広場やウォーキング＆サイクリング道路、噴水、湖などが配されている。ビルが林立するマンハッタンのオアシス的な存在で、週末には思い思いの時間を過ごすニューヨーカーの姿を見ることができる。

DATA 交M1・A・B・C・D線59 ST-COLUMBUS CIRCLE駅など

1.19世紀半ばから20年ほどかけて造られた、ニューヨーカーの憩いの場　2.園内は馬車で散策できる。30分$120〜　3.犬連れの人も多い。犬の散歩代行業「ドッグウォーカー」もちらほら　4.公園周辺ではフードワゴンも数多く見かける　5.湖や森など自然がいっぱい　6.自転車専用の通行帯もあり快適

おすすめテイクアウトグルメ！

1.各種サンドイッチ$8〜　2.野菜がたっぷり入った各種サラダ1ポンド$13.99　3.新鮮なフルーツや野菜がたくさん並ぶ　4.イートインスペースもある

ホール・フーズ・マーケット
Whole Foods Market at Columbus Circle

自然食品を多く扱うスーパーチェーン。テイクアウト用のサラダやサンドイッチ、スープなど、デリコーナーが充実している。

DATA 交M1・A・B・C・D線59 ST-COLUMBUS CIRCLE駅からすぐ　住タイム・ワーナー・センター内（→P92）　☎(1-212)823-9600　時7〜23時　休なし
別冊MAP●P24A2

のんびりとめぐるよ

気分爽快だワン

プチ情報　セントラル・パークでは、パーク内のウォーキング・ツアーや、自転車ツアー、ヨガ体験などさまざまなイベントを開催。HPから要予約。URLwww.centralpark.com

休憩＆情報収集

ⓘ 観光案内所
Dairy Visitor Center & Gift Shop

園内マップの配布など公園の情報を入手できる。セントラル・パーク関連グッズの販売も。

DATA ☎(1-332) 245-302　時10〜17時　休なし

Ⓐ ベルヴェデーレ城
Belvedere Castle

19世紀に完成したスコットランド風の石造りの城。公園のほぼ中央にあり、最上階からは園内を一望できる。

DATA 時10〜17時　休なし　料無料

Ⓑ ザ・レイク
The Lake

周囲を木々に囲まれた広大な湖。湖に架かるボウ・ブリッジは園内屈指の景勝スポット。ボート遊びも楽しめる。

DATA 料ボート1時間$25

Ⓒ ストロベリー・フィールズ
Strawberry Fields

ジョン・レノンが暗殺されたダコタ・アパートの向かいにある広場。庭園の中央には彼を偲んだモザイクの碑「イマジンの碑」がある。

Ⓓ シープ・メドウ
Sheep Meadow

以前は羊の放牧場だった芝生の広場。約6万700㎡もの敷地をもち、ピクニックなどを楽しめる。

DATA 時11時〜日没　休10月中旬〜4月中旬

Ⓔ カルーセル
Carousel

1873年の登場以来、ニューヨーカーから愛され続けている回転木馬。木馬の装飾はハンドメイドでレトロ感抜群。

DATA 時11〜18時（冬期は〜17時）休悪天候時　料$3.25

Ⓕ 動物園
Central Park Zoo

公園の南東部にある動物園。アシカのエサやりショーや、ヤギたちとふれあえる子ども動物園が人気。

DATA 時10〜17時（季節、曜日により異なる）料$19.95

Ⓖ ベセスダの噴水
Bethesda Fountain

中央に水の天使ベセスダの像がある。石畳の円形広場はひと休みにも最適で、週末はストリート・パフォーマーが登場。イベントも多い。

86 ST　86 St.

ザ・グレート・ローン

86 St. から北側にはランニングコースなどがあるが、観光名所はあまりない。夜遅くは公園内に立ち入らないように

81 ST-MUSEUM OF NATURAL HISTORY

デラコート劇場

メトロポリタン美術館

アメリカ自然史博物館

79 St.

ベルヴェデーレ城前の広場からは眼下に湖や野外劇場を望む

地下鉄⑥線 77 ST駅入口

不思議の国のアリス像

ボウ・ブリッジからの眺めは抜群

ダコタ・アパート

ボウ・ブリッジ

アンデルセン像

M 72 ST

Central Park West

5th Ave.

ザ・モール

タヴァーン・オン・ザ・グリーン

65 St. 観光案内所

ウールマン・リンク

冬は有料のスケートリンクになる「ウールマン・リンク」。

グランド・アーミー・プラザ

5 AV/59 ST M

コロンバス・サークル

M 59 ST COLUMBUS CIRCLE

Central Park South

ホール・フーズ・マーケット

高級ブティックとミュージアム三昧
セントラル・パーク周辺

ブティックや美術館が立ち並ぶハイソなエリア。
特に東側はニューヨークきっての高級住宅街。

こちらもCheck!
○セントラル・パーク…P90
○メトロポリタン美術館…P108
○アメリカ自然史博物館…P114
○クーパー・ヒューイット
　国立デザイン美術館…P115
○グッゲンハイム美術館…P114

タイム・ワーナー・センター
別冊MAP P24A2　Time Warner Center

セントラル・パークを見下ろすツインタワー
コロンバス・サークルに面して立つ巨大複合施設。世界の一流ブランドやアメリカ・ブランド、ファインダイニングレストランやバーなどが50軒ほど。ツインタワーの高さは229mに及び、Hマンダリン・オリエンタル(→P125)やジャズ・アット・リンカーン・センター(→P122)などの注目スポットもある。

DATA　交M1・A・B・C・D線59 ST-COLUMBUS CIRCLE駅からすぐ　住10 Columbus Circle　☎(1-212)823-6300　時10〜20時(日曜は11〜19時、店舗により異なる)　休なし

1.吹き抜けのモールにはファッションや雑貨などの人気店が並ぶ　2.ガラス張りのツインタワーが目印

ユダヤ博物館
別冊MAP P14A3　The Jewish Museum

貴重なユダヤ芸術の宝庫
絵画やモザイク、銀器など、美術品を通してユダヤの文化や歴史を紹介。ユダヤ人作家の回顧展など、企画展も興味深いものが多い。

DATA　交M6線96 ST駅から徒歩10分　住1109 5 Ave.(at E.92 St.)　☎(1-212)423-3200　時11〜18時(木曜は〜20時)　休火・水曜　料$18(土曜は無料)

ダコタ・アパート
別冊MAP P12B3　Dakota Apartment

多くの著名人が暮らした名物アパート
1884年の建設以来、アーティストなど数々のセレブたちが暮らしてきた。1980年、住民だったジョン・レノンが建物の玄関先でファンの凶弾に倒れたことでも有名。

DATA　交MB・C線72 ST駅からすぐ　住1 W.72 St. (at Central Park West)※内部見学は不可

ニューヨーク歴史協会
別冊MAP P12B2　New York Historical Society

ニューヨークの歴史を網羅
ニューヨーク市最古の博物館の一つ。絵画や家具、アンティークの品々など貴重な歴史資料が展示されている。定期的に企画展も開催。

DATA　交MB・C線81 ST-MUSEUM OF NATURAL HISTORY駅から徒歩3分　住170 Central Park West(bet. W.76 & W.77 Sts.)　☎(1-212) 873-3400　時11〜17時(金曜は〜20時)　休月曜　料$24(金曜18〜20時は寄付制)

Check　ミュージアム・マイル

セントラル・パークの東側を南北に走る5番街。その82から105 St.の間には、10軒ほどの美術館が並び、ミュージアム・マイル(別冊MAP●P14A1〜4)とよばれている。毎年6月の第2火曜にはミュージアム・マイル・フェスティバルが開催され、美術館が18〜21時は無料に。

実際には1マイル以上の距離

プチ情報　セントラル・パークを挟んで東西を移動する場合は、バスの利用が便利(→P134)。散策しながら横切るのもよいが、夜間から早朝にかけての人通りの少ない時間帯は控えたほうがよい。

エンパイア・ホテル
The Empire Hotel

人気ドラマのロケ地でセレブ気分

リンカーンセンターの向かいにある赤い看板が印象的なホテル。ドラマ「ゴシップガール」のチャックが経営するホテルとして登場し、話題になった。ロビーはゴージャスでよく映画撮影に使われる。

DATA 交M1・A・B・C・D線59 ST-COLUMBUS CIRCLE駅から徒歩3分 住44 W. 63rd St. ☎(1-212)265-7400

カフェ・サバスキー
Café Sabarsky

知的階級の社交場的カフェ

ノイエ・ギャラリー(→P115)内にあるウィーン風カフェ。時代を象徴するような調度品が置かれた静かな空間で食事や飲み物を楽しめる。食事は$20〜。

DATA 交M4・5・6線86 ST駅から徒歩6分 住ノイエ・ギャラリー内(→P115) ☎(1-212)994-9491 時9〜21時(月曜は〜18時) 休火・水曜

アリスズ・ティー・カップ
Alice's Tea Cup

童話の世界に迷い込んだよう

『不思議の国のアリス』の世界をイメージしたティールーム。ワッフルやスコーン、パンケーキなどを50種以上の紅茶とともに楽しめる。アフタヌーン・ティーなどのティーセットは$36〜。週末15時までのブランチメニューも充実している。

DATA 交MF・Q線LEXINGTON AV/63 ST駅からすぐ 住156 E.64 St. (at Lexington Ave.) ☎(1-212)486-9200 時11〜18時(土・日曜〜17時) 休なし

1.ワンダーランド・ワッフルは$10〜。アフタヌーン・ティーなどのセットメニューも人気 2.かわいらしいインテリア

リヴァイン・ベーカリー
Levain Bakery

サクサク&しっとりクッキー

閑静な住宅街の半地下にある小さなパン屋さん。バゲットやスコーンなどのパンがあるが、なかでも人気なのが4種類のクッキー。いずれも外はサクサクで中はしっとりとした口当たりで、ボリュームもたっぷり。店内にはカウンター席もあり、オリジナルTシャツやトートバッグも販売している。

DATA 交M1・2・3線72 ST駅から徒歩3分 住167 W. 74 St. (bet. Amsterdam & Columbus Ave.) ☎(1-917)464-3769 時8〜19時(日曜は9時〜) 休なし

1.階段を下りると甘い香りが漂う店内に 2.たっぷりのチョコが入ったチョコレート・チップ・ウォールナッツ(手前)$5〜

JGメロン
J.G.Melon

メロンがいっぱいのパブ&レストラン

店内のあちこちにメロンやスイカのオブジェが飾られる有名店。ベーコン・チーズバーガーなど名物のハンバーガーは$13〜。ビールは$6〜。現金のみ。

DATA 交M6線77 ST駅から徒歩4分 住1291 3 Ave. (at E.74 St.) ☎(1-212)744-0585 時11時30分〜翌3時(日曜11時30分〜翌1時) 休なし

マンハッタンから電車で10分。話題のエリアへ！

最旬トレンドを巡る
ブルックリンさんぽ

ニューヨーカーの間でも人気のブルックリン。なかでもかつての倉庫街ダンボと
トレンド発信区として注目を集めるようになったウィリアムズバーグは、旅行者にもおすすめ。

行く前にCheck

●ブルックリン早わかり！

橋の下に広がるかつての倉庫街

ダンボ
Dumbo

1 ダンボ Dumbo

「Down Under the Manhattan Bridge Overpass」の頭文字をとった地域のこと。元倉庫街だったエリアに、古い建物を改装したギャラリーやショップが増えつつある。マンハッタンの景色が楽しめる公園は観光客にも人気。

2 ウィリアムズバーグ Williamsburg

アーティストやミュージシャンが移り住んだことから、流行発信地として注目されるように。ベッドフォード・アヴェニューを中心に個性派ショップが立ち並び、街のいたるところでグラフィティアートが楽しめる。

公園 | 別冊 MAP P15A4

ブルックリン・ブリッジ・パーク
Brooklyn Bridge Park

●エリア間の移動

2エリアを南北に直線で結ぶ地下鉄がないため、移動はバスかイースト・リバー・フェリーのみ。いずれのエリアもバス停が遠いためフェリーがおすすめ。1日で回る場合はマンハッタンから地下鉄でウィリアムズバーグまで行き、ウィリアムズバーグからダンボまでフェリーで移動しよう。各エリアのまわり方はP95を参照。

マンハッタンの街とブリッジの絶好夜景スポット

アメリカで一番古い橋、ブルックリン・ブリッジのたもとに広がる公園。かつて倉庫街だった場所に遊歩道や芝生の広場が整備され、ジョギングやピクニックを楽しむ人々で賑わっている。対岸にはロウアー・マンハッタンのビル群が一望でき、夜景観賞スポットにもなっている。

DATA 交MA・C線HIGH ST駅またはF線YORK ST駅から徒歩12分 住1 Water St. 時8時〜21時（季節により変動あり） 休なし

1. 対岸のマンハッタンの景色を望む 2. フランスの建築家ジャン・ヌーヴェル氏が手がけた回転木馬のパビリオン 3. 夏期にはパーク内の芝生で映画鑑賞イベントも開催

プチ情報 ブルックリンには、古い街並みが残るパーク・スロープ（Park Slope）、ボーラム・ヒル、コブル・ヒル、キャロル・ガーデンズの3つのエリアに、おいしいレストランやショップが点在するボコカ（BoCoCa）などもある。

歩き方のPOINT

最寄り駅はF線のYORK ST駅かA・C線のHIGH ST駅。ブルックリン・ブリッジを歩いて渡ると30〜40分ほどかかる。ブルックリン・ブリッジからブルックリン・ブリッジ・パークへはOld Fulton St.を歩くとよい。ショップやレストランが多いのはWater St.とFront St.沿い。

複合施設 | 別冊 MAP P15A3

エンパイア・ストア
Empire Stores

廃墟倉庫が買い物スポットに！

19世紀に建てられた倉庫をリノベーションしオープン。話題の店が集まるほか、屋上庭園から見渡す絶景も見逃せない。

DATA 交MF線YORK ST駅から徒歩7分 住53-83 Water St. (bet. Main & Dock Sts.) ☎(1-718) 858-8555 時8〜24時 休なし

「アーバックル・ブラザーズ・コーヒー」の倉庫だった建物を再整備し利用

---

and more…

タイム・アウト・マーケット

エンパイア・ストア1階と5階にある人気のフードコート。ニューヨークで行列ができる人気店のメニューも気軽に楽しめる。

イートインスペースは広々としていて5階にはテラス席も用意

イベントスペース | 別冊 MAP P15B3

アーチウェイ
The Archway

橋の下で開かれる市民のイベントの場

マンハッタン・ブリッジの下のスペースを活用し、春から秋にかけて、フリーマーケットやライブステージなどさまざまなイベントが開催される。

DATA 交MF線YORK ST駅から徒歩2分 住80 Pearl St. (bet. Water & Front Sts.) ☎なし 時イベントによる 休冬季

フラメンコイベントなど開催される

©Kasumi Abe

ブルックリンの流行をリード

ウィリアムズバーグ
Williamsburg

歩き方のPOINT

地下鉄の最寄り駅はL線のBEDFORD AV駅かJ・M・Z線のMARCY AV駅。ショップやカフェはBEDFORD AV駅を中心に点在している。スモーガスバーグ（→P97）がお目当ての人は、イースト・リバー・フェリーのNorth Williamsburgから街歩きをスタート。

公園 | 別冊 MAP P16A3

ドミノ・パーク
Domino Park

砂糖の精製所をリノベーション

1856年に建設された「ドミノ・シュガー・リファイナリー」の敷地を再開発し整備された広場。高層の遊歩道やピクニックエリアなど大人も子どもも楽しめる。

DATA 交MJ・M・Z線 MARCY AV駅から徒歩14分 住300 Kent Ave. ☎(1-212) 484-2700 時6〜23時 休なし

機材や建物をうまく活用しランドマークに

---

and more…

スモーガスバーグ

4〜10月にかけて、ウィリアムズバーグほか数カ所で、屋外の広場や公園などを利用し開催されるフードイベント。冬期は規模を縮小し、屋内施設で開催。

DATA （→P97）www.smorgasburg.com （詳細はHPで確認）

世界各国の軽食が集まり料金はおおよそ$10〜20

わいわいとお祭り気分で楽しめる

人気のマーケットで
食べ歩き&おみやげ探し

週末を中心に、各地で行われるマーケット。アンティークや雑貨を扱うのみの市から、おいしいものが集まるフードマーケットまで、歩きまわってお気に入りを見つけよう。

| チェルシー | 別冊 MAP P20B3 |

チェルシー・マーケット
Chelsea Market

おいしいものが揃う"食"のテーマパーク

かつてのナビスコの工場と倉庫跡地を改装した巨大なグルメマーケット。工場の面影が残るレンガ造りの建物にはレストランのほか、スイーツショップやデリ、生鮮食品店など、話題のグルメ店が約60軒集結している。

DATA 交ML線8 AV駅、A・C・E線14 ST駅から徒歩5分 住75 9 Ave. (bet. W.15 & 16 Sts.) ☎店舗により異なる 時7〜22時(店舗により異なる) 休なし

1.さまざまなスパイスを量り売りで販売しているスパイスコーナー 2.特に週末は観光客や地元の人で賑わう 3.通路の両端にあるイートイン・スペースで購入商品を食べることも

毎日開催

NYのグルメスポット!

オススメ SPOT

チェルシー・マーケット・バスケット
Chelsea Market Baskets

マグネットやコースターなどNYモチーフのみやげ物のほか、スパイスやジャムなども扱う。

1.NYのアイコンのイラスト入りコースター4枚セット$6.95 2.色・サイズ違いの4個セットの付せん$14.95

1.具がたっぷりのロール寿司 $7.95〜
2.各種サラダは $8.95〜揃う

ロブスター・プレイス
Lobster Place

1974年から続くニューヨーク最大のロブスター販売店。ランチにちょうどよいお寿司やシーフードサラダなどのテイクアウトもある。

🧁 ### サラベス・ベーカリー
Sarabeth's Bakery

人気レストラン「サラベス・キッチン」のベイク商品を販売する焼き菓子専門店。マフィンやクッキー、フルーツスプレッドなども種類豊富。

1.プラムチェリーとパイナップルマンゴーのミニジャム各$8 2.ブルーベリー・コーン・マフィン$3.25

プチ情報 ロブスター・プレイスの名物、ロブスター・ビスク(小)$6.50、(中)$9、(大)$11は数々の地元雑誌に取り上げられるほどおいしいことで有名。試食もできるので立ち寄ったときはぜひ味わってみよう。

ブルックリン・フリー / スモーガスバーグ
Brooklyn Flea / Smorgasburg

ブルックリンサイドの骨董＆フードフリマ

毎週末、ブルックリンなどで開催される蚤の市。ブルックリン・フリーはダンボで4～10月に開催。おすすめは青空の下のお買い物が楽しいダンボ・フリー。古着やジュエリーなど約70軒の屋台が並び、宝探し気分で見て歩きたい。一方、スモーガスバーグはグルメ中心。人気カフェなど、最大100店ほどが出店。

1.テッド・バロンによる「L・I・B・E・R・T・Y」の楽譜
2.観光客や地元住民で活気付く。雨天も開催
3.4.掘り出し物を探そう

DATA
●ブルックリン・フリー
【ダンボ・フリー DUMBO Flea】　別冊MAP●P15B3
交MA・C線 HIGH ST駅、F線 YORK ST駅から徒歩5分
住80 Pearl St.　時日曜の10～18時
●スモーガスバーグ
【プロスペクト・パーク Prospect Park】　別冊MAP●P3D1
交MB・Q線 PROSPECT PARK駅から徒歩5分　住Breeze Hill, Prospect Park　時日曜の11～18時
【ウィリアムスバーグ Williamsburg】　別冊MAP●P16A2
交ML線 BEDFORD AV駅から徒歩7分　住90 Kent Ave.
時土曜の11～18時
【ワールド・トレード・センター World Trade Center】
別冊MAP●P4B2
交ME線 WORLD TRADE CENTER駅からすぐ、M2・3・4・5・A・C・J・Z線 FULTON ST駅から徒歩2～4分、MR・W線 CORTLAND ST駅から徒歩2分　住Westfield World Trade Center, Oculus Plaza　時金曜の11～19時

Smorgasburg 計3カ所

できたて！

1.マンハッタンを眺めながらローカルフードを楽しむ人々 2.手作りパンも販売 3.マック・ルールズのピクルス各$10 4.「ドウ」（→P83）のハイビスカスドーナッツ（小）$5.65

ユニオン・スクエア・グリーン・マーケット
Union Square Green Market

オーガニック食材の直売マーケット

1976年から続くニューヨークで一番歴史の古い青空マーケット。ニューヨーク近郊から約150店舗が出店し、旬の野菜や果物、鮮魚、肉や乳製品など、さまざまな食材を販売している。四季折々の旬の物が手に入るのが魅力。

DATA　交M4・5・6・L・N・Q・R・W線 14 ST-UNION SQ駅から徒歩1分　住ユニオン・スクエア内（→P100）　時8～18時ごろ　休火・木・日曜

月・水・金・土曜開催

食べ歩きも楽しい！

1.生産者の顔が見えるマーケットなので、安心安全なのも魅力　2.アップルサイダードーナツ$0.75　3.ニューヨーク産のウイスキーやジンも　4.ハニーペーストやハチミツなどを扱うストールも

エンタメ充実、NYの中心地
摩天楼がそびえる
ミッドタウン

ショッピングからミュージカルまでお楽しみ盛りだ
くさん。東側はNYきってのビジネス街。

こちらもCheck!
○ハドソン・ヤーズ …P29
○ティファニー…P42
○エンパイア・ステート・ビル…P26
○トップ・オブ・ザ・ロック…P27
○タイムズ・スクエア…P35
○グランド・セントラル駅…P31
○ニューヨーク近代美術館
　（MoMA）…P112
○ブロードウェイ・ミュージカル…P116

別冊
MAP
P2B2

国連本部
The United Nations Headquarters

国連の役割を目の当たりにできる

第二次世界大戦後に設置された国際連合の本部。4
つの建物からなり、ツアーに参加すれば国連総会など
の議場を見学することができる。

DATA　交M4・5・6・7・S線GRAND CENTRAL-42 ST駅から
徒歩10分　住1 Ave.(bet. E.42 & 48 Sts.)　［ツアー］☎(1-212)
963-4440　時ツアー9時30分〜16時30分　休土・日曜、国連総
会の開催期間　料$26※事前にオンラインで予約が必要。日本語
ツアーもあり（不定期）URLwww.un.org

1.手前の建物が総会
ビル。入館時には厳重
なセキュリティチェッ
クが　2.館内にはショ
ップや郵便局がある

別冊
MAP
P23D3

クライスラービル
Chrysler Building

アール・デコの象徴的な尖塔が見事

1930年竣工のアール・デコ調の高層ビルで、クラ
イスラー社の社屋として造られた。うろこ模様の
ステンレスの尖塔が斬新だ。

DATA　交M4・5・6・7・S線GRAND CENTRAL-42 ST
駅から徒歩1分　住405 Lexington Ave.

1.地上77階建てで、高
さ320m。建設当時、
世界一の高さだった
2.グランド・セントラ
ル駅の42nd St.の入
口側からよく見える

別冊
MAP
P23C3

ニューヨーク
公立図書館
The New York Public Library

全米トップクラスの蔵書数を誇る

米国第3代大統領ジェファーソンの独立宣言のコ
ピーなど、貴重な資料を所蔵する一大図書館。図
書スペースの天井画や美しい彫刻なども必見。

DATA　交M7線5 AV駅から徒歩1
分　住476 5th Ave. (bet. W. 40th &
W. 42th Sts.)　☎(1-917) 275-
6975　時8〜18時(火・水曜は〜20
時、土・日曜は〜17時)　休日曜

別冊
MAP
P24A2

コロンバス・
サークル
Columbus Circle

移動中のひと休みに活躍

59 St/Columbus Circle駅の地下街。飲食店や
雑貨店が約40店舗揃っており、店内で食事がで
きる店もある。

DATA　交M1・A・C・B・D線59 ST／
COLUMBUS CIRCLE ST駅直結
住Columbus Circle　☎なし　時8〜21
時(店舗により異なる)　休店舗により異なる

まめ
ちしき　ルーズベルト島（別冊MAP●P2B2）はマンハッタンの東側、イースト・リバーに浮かぶ細長い島。マンハッ
タンとは空中に浮かぶトラムウェイで結ばれており、夜景スポットとして人気が高い。

レミ・フラワー＆コーヒー
別冊MAP P11D2
Remi Flower & Coffee

お花屋さんで優雅にカフェタイム

生花と観葉植物とカフェの店。植物に囲まれていただくコーヒーやお茶は気持ちがいい。花屋だけあって、ドリンク類もほのかに香るラベンダーラテやベリー抹茶ラテ、ローズ茶ラテなど、SNS映えするかわいいものが揃っている。花やブーケを購入することももちろん可。

- -
DATA 交M E・M線LEXINGTON AV/53 ST駅から徒歩7分 住906 2nd Ave. ☎(1-646) 559-1233 時7~18時 休なし

1. ラベンダー・ラテ$5.5とピーチ・アーモント味のデニッシュ、トルサード $4.75
2. 生花や観葉植物に囲まれた店内

グランド・セントラル・オイスター・バー
別冊MAP P23D2
Grand Central Oyster Bar

こだわりの絶品オイスター

グランド・セントラル駅構内にある1913年創業の老舗オイスターバー。広々とした店内には馬蹄形のカウンターが配され、全米から取り寄せた生ガキをはじめ、さまざまなシーフード料理を味わえる。名物のニューイングランド・クラムチャウダー$12.45もぜひ試してみたい。テーブル席もある。

- -
DATA 交M 4・5・6・7・S線GRAND CENTRAL-42ST駅構内 住89 E.42 St.(Grand Central Terminal) ☎(1-212) 490-6650 時11時30分~21時30分 休土・日曜

1. 30種以上が揃う生ガキは1個$2~。盛り合わせも可能
2. 開店直後に満席になる人気店

ペイパー・ソース
別冊MAP P25D3
Paper Source

雑貨好きにはたまらない品揃え

市内に30以上の店舗をもつ、カリフォルニア産の紙の専門店。カードを贈る機会の多いニューヨーカー御用達のショップだ。思わずまとめ買いしたくなる、あらゆる用途のカードのほか、キュートな雑貨も多彩。

- -
DATA 交M E・M線 5 AV/53 ST駅から徒歩5分 住400 Park Ave. ☎(1-929) 431-0468 時9~18時 休土・日曜

カラフルなケーキがプリントされたボックスを発見！

チョ・ダン・ゴル
別冊MAP P11C4
Cho Dang Gol

自家製豆腐を本場の味で

コリアンタウンにある人気韓国料理店。自家製豆腐を使った料理が有名で、スンドゥブなどアツアツの鍋料理は$15.99~。ランチにもおすすめ。

- -
DATA 交M B・D・F・M・N・Q・R・W線 34 ST-HERALD SQ駅から徒歩2分 住55 W.35 St.(bet 5 & 6 Ave.) ☎(1-212) 695-8222 時12時~14時30分、17時~21時30分(金~日曜は12時~21時30分) 休なし

Check 5番街のブランドショップ

5番街とよばれる5 Ave.(別冊MAP●P25C2~4)はショップが軒を連ねる買い物天国。特に51 St.と59 St.の間には、世界に名だたる高級ブランドや老舗デパートが密集している。セレブ気分でウインドーショッピングするだけでも楽しいエリアだ。

ニューヨーカーや観光客が闊歩する一日中賑やかな通り

おさんぽ ミッドタウン

高感度なオシャレタウン

ユニオン・スクエア、チェルシー、ビレッジ周辺

文化人が愛したグリニッチ・ビレッジと歴史ある街並みの残るチェルシー、ユニオン・スクエア界隈。

こちらもCheck!
- ハイライン…P32
- チェルシー・マーケット…P96
- カフェ・レッジオ…P78
- マグノリア・ベーカリー…P80
- ビレッジ・ヴァンガード…P122
- ブルー・ノート…P123

別冊 MAP P21A3
ユニオン・スクエア
Union Square

散策に最適な緑の公園

1832年に開設。地下鉄路線が集まる交通の要衝でもあり、憩いの場でもある。園内にはリンカーンやワシントンの像が立つ。週4回開かれるユニオン・スクエアのグリーン・マーケット（→P97）が人気。

DATA　交M4・5・6・L・N・Q・R・W線14 ST-UNION SQ駅から徒歩1分

別冊 MAP P21B2
グラマシー・パーク
Gramercy Park

NYで唯一残ったプライベートパーク

著名人が多く住んだかつての高級住宅街の中心にある公園。外周をぐるりとフェンスに囲まれており、もともとは周辺の宅地所有者のみしか入園できなかった。

DATA　交M6線23 ST駅から徒歩5分

別冊 MAP P6B1
ワシントン・スクエア
Washington Square

白亜のアーチが目印の憩いの広場

広場北側にあるアーチは、ワシントン大統領就任100周年を記念して造られたもので、パリの凱旋門をモデルにしている。中央に噴水があり、近隣のニューヨーク大学に通う学生やビジネスマン、ファミリーなどが集まる市民の憩いの場。夏には大道芸人やミュージシャンで賑わう。数々の映画の舞台にもなった人気観光スポットだ。

DATA　交MA・B・C・D・E・F・M線W4 ST-WASH SQ駅から徒歩2分

周辺には大学の建物や校舎が点在している

別冊 MAP P9D4
ストランド・ブックストア
Strand Bookstore

全米に名がとどろく名物書店

1927年創業。店内には最新のペーパーバックからコミック、古書まで200万冊もの本が所狭しと並んでいる。古本の売買では全米最大規模を誇る。エコバッグやトートバッグ、Tシャツ、文具などオリジナル商品も扱っており、特にキャンバス地の丈夫なトートバッグが人気。

DATA　交M4・5・6・L・N・Q・R・W線14 ST-UNION SQ駅から徒歩3分　住828 Broadway (at E.12 St.)　☎(1-212) 473-1452　時10〜20時　休なし

1.本がたっぷり入るトートバッグ$24.95～
2.遠くから訪れる人も多い人気店。店頭では値下げ商品の販売も

まめちしき　ワシントン・スクエアの東側はイースト・ビレッジとよばれ、ロシアや東ヨーロッパ系の移民が多いエリア。西側はグリニッチ・ビレッジとよばれ、バーやジャズクラブなどが集まり、夜遅くまで賑わっている。

 別冊 MAP P17A1

ブックマーク
Bookmarc

マーク・ジェイコブスが手がける書店

ルイ・ヴィトンのデザイナーとしても知られるマーク・ジェイコブスによる新感覚の書店。小さな店内にはアートブックなどビジュアルが美しい本が並ぶ。ペンダントやペンなどオリジナルデザインの雑貨も人気。

- -
DATA 交M1線CHRISTOPHER ST-SHERIDAN SQ駅から徒歩7分 住400 Bleecker St. (at W.11 St.) ☎(1-212) 620-4021 時11〜17時 休なし

2

3

1.センスが光る雑貨がいっぱい
2.スカイラインが描かれたノート$18
3.マグノリア・ベーカリー(→P80)の向かい側にある

 別冊 MAP P20A2

クック・ショップ
Cook Shop

大人気ブランチで満足

オーガニック食材を使ったアメリカ料理で人気の店。素材の味を生かしたシンプルなメニューの数々は日本人の口にもよく合う。週末のブランチは大盛況なので、早めに足を運ぼう。

- -
DATA 交MC・E線23 ST駅から徒歩10分 住156 10th Ave. ☎(1-212) 924-4440 時12時〜15時30分(土・日曜ブランチ10時〜)、16時30分〜23時(月曜〜22時、土曜17時〜、日曜17〜22時) 休なし

1.3種のエアムールトマトとレッドオニオンを味わえるサラダ
2.大きな窓から日差しが差し込む明るい店内

 別冊 MAP P21A2

グラマシー・タヴァーン
Gramercy Tavern

食通に人気のニュースタイル・アメリカン

マイケル・アンソニーが手がける料理は、シェフの感性が注ぎこまれた新感覚なアメリカン。ダイニングルームでは$168のディナーと、$95のランチコースも用意。

- -
DATA 交M6・R・W線23 ST駅から徒歩5分 住42 E.20 St. (bet. Park Ave. South & Broadway) ☎(1-212) 477-0777 時11時30分〜22時30分(ダイニングルームは時間異なる) 休なし ダイニングルームは要予約

 別冊 MAP P17A1

スモールズ・ジャズ・クラブ
Smalls Jazz Club

気軽にジャズ鑑賞を

ベティー・カーターなどを輩出したジャズクラブ。アットホームな雰囲気で、本格的なジャズを楽しめる。

- -
DATA 交M1線CHRISTOPHER ST-SHERIDAN SQ駅から徒歩1分 住183 W.10 St. (bet. W.4 St. & 7 Ave.) ☎(1-646) 476-4346 時19時30分〜3回 料$35(金・土曜は$40) ※予約なしの場合は$25(立ち見)

 別冊 MAP P8B3

ソカラット・パエリア・バー
Socarrat Paella Bar

タパスとワインで乾杯

会社帰りのビジネスマンで賑わう、気軽な雰囲気のタパスバー。オコゲが香ばしいパエリア$33〜やアヒージョ$20などがおすすめ。

- -
DATA 交MC・E線23 ST駅から徒歩5分 住259 W. 19th St. (7 & 8 Ave.) ☎(1-212) 462-1000 時16時30分〜22時(金・土曜は16時〜22時30分、日曜16時〜、土・日曜ブランチ12時〜15時45分) 休なし

 Check チェルシーのギャラリー街

10番街と11番街、W.18 St.とW.27 St.の10ブロックほどのエリアには、300以上のギャラリーがひしめく。すべて売り物が見るだけなら無料なので、気軽に立ち寄りたい。おすすめギャラリーは以下。
ガゴシアンGagosian(名実ともに世界一。村上隆も所属)別冊MAP●P8A2、P20A1
ペースPace(奈良美智、杉本博司が所属)別冊MAP●P8A2
デイビッド・ツヴィルナーDavid Zwirner(草間彌生、河原温が所属)別冊MAP●P8A3、P20A2

最旬NYを見るならココ

お買い物が楽しい
ソーホー＆ノリータ

新進気鋭アーティストのブティックが集まるショッピング
ゾーン。コアなアイテム探しにもいい。

こちらもCheck!
○ ラグ＆ボーン…P44
○ クレート＆バレル…P50

ニョニャ
別冊 MAP P19C3　Nyonya

アジア各国のテイストを融合

『NYタイムズ』ほか地元メディアも絶賛するマレーシア料
理店。店名の"ニョニャ"とは、中国風にアレンジしたマレ
ーシア料理のことで、この店ではインドやタイの要素もミ
ックスし、複雑な味わいに。タロイモの器の中にエビや
野菜などの具がたっぷり入ったサラン・ブロンがイチオシ。

DATA　交MB・D線GRAND ST駅から徒歩5分　住199 Grand St.
☎(1-212) 334-3669　時11〜22時(金・土曜は〜23時)　休なし

1.サラン・ブロン $
16.95　2.平日11〜16
時は、$8.95の手頃な
ランチメニューもあり

ドミニク・アンセル・ベーカリー
別冊 MAP P18A2　Dominique Ansel Bakery

常に注目を集める新感覚スイーツ

クロワッサン生地をドーナツのように揚げたクロナ
ッツ発祥の店。行列ができる人気で、売り切れ次
第終了となる。

DATA　交MC・E線 SPRING
ST駅から徒歩3分　住189
Spring St.　☎(1-212) 219-
2773　時8〜19時(金・土曜
20時、日曜9時〜)　休なし

オンリー・ハーツ
別冊 MAP P19C2　Only Hearts

フェミニンなアイテムが揃う

セクシーでフェミニンなメイド・イン・ニューヨーク
のアイテムが中心に揃うランジェリーショップ。ド
レスやナイトウェアも要チェック。

DATA　交M6線SPRING ST駅から
徒歩4分　住230 Mott St.(bet. Prince
& Spring Sts.)　☎(1-212) 431-
3694　時11〜19時(日曜は12〜18
時)　休なし

ティビ
別冊 MAP P18A2　Tibi

大胆なカットや配色が人気

金融界のキャリアからデザイナーへ転身したエイ
ミー・スミノロヴィックにより設立。コンセプトは、
"着る女性が自信にあふれ、身につけるだけで輝く"。

DATA　交MR・W線PRINCE ST駅
から徒歩5分　住120 Wooster
St.(bet. Spring & Prince Sts.)　☎(1-
212) 226-5852　時11時〜18時30
分　休日曜

カフェ・セレクト
別冊 MAP P18B3　Cafe Select

朝から夜まで気軽に利用できる

大通りに面した小さなカフェ。サラダ$14〜やサン
ドイッチ$16〜などの気軽なランチからディナーま
で便利に使える。ハンバーガーは$21〜。

DATA　交M6線SPRING ST駅から徒
歩1分　住212 Lafayette St.(bet. Spring
& Kenmare Sts.)　☎(1-212) 925-
9322　時8時〜翌1時ごろ　休なし

まめちしき　ノリータとは「North of Little Italy」の略でリトルイタリーの北側という意味。NYの地名にはこうした略語が
多く、トライベッカは「Triangle Bellow Canal Street」、ダンボは「Down Under the Manhattan Bridge
Overpass」の略。

ニューヨークで一番エッジーなエリア

ミート・パッキング・ディストリクト

こちらもCheck!

○チェルシー・マーケット…P96
○ホイットニー美術館…P115
○コーナー・ビストロ…P64
○ガンズヴォールト・
　ルーフトップ…P69

かつての精肉工場地帯がミート・パッキング・ディストリクト（MPD）。再開発によりニューヨークのトレンド発信区に変貌中。

 別冊MAP P20B4

クリスチャン・ルブタン
Christian Louboutin

誰もが憧れるフレンチ・ブランド

セレブ御用達のラグジュリアス・シューズ・ブランドの路面店。アート・ギャラリーのような美しい店内には、トレードマークであるレッドソールのシューズがずらり。多彩なデザインが揃うほか、バッグや小物類も充実。マディソン・アベニューにも店がある。

1.真紅のカーペットが敷きつめられた店内
2.サンダル$795～

DATA 交ML線8 AV駅、A・C・E線14 ST駅から徒歩5分 住59 Horatio St. (at Greenwich St.) ☎ (1-212) 255-1910 時11～18時（日曜は12時～）休なし

リーズナブルな商品を多く扱う

 別冊MAP P20B3

アンソロポロジー
Anthropologie

乙女心ときめくアイテム

チェルシー・マーケット内にあるセレクトショップ。流行を取り入れたナチュラルテイストのファッションアイテムから、雑貨など、バラエティに富んだラインナップが揃う。

DATA 交ML線8 AV駅、A・C・E線14 ST駅から徒歩5分 住チェルシー・マーケット内（→P36） ☎ (1-212) 620-3116 時10～20時（日曜は11～18時）休なし

 別冊MAP P20B3

アーティスツ＆フリーズ
Artists & Fleas

アメリカン雑貨が大集合

アート、デザイン、ファッション、ヴィンテージなど、30以上のアーティストのグッズが並ぶ。

DATA 交ML線8 AV駅、A・C・E線14 ST駅から徒歩5分 住チェルシー・マーケット内（→P36） ☎ (1-917) 488-0044 時11～19時 休なし

 別冊MAP P20B4

オー・メルヴェイユ・ドゥ・フレッド
Aux Merveilleux de Fred

フランスの伝統菓子をマンハッタンで

フランスで200年もの伝統を誇るお菓子「メルヴェイユ」の専門店。上品な甘さと華やかな見た目は必見・必食。

DATA 交ML線8 AV駅、A・C・E線14 ST駅から徒歩3分 住37 8th Ave. ☎ (1-917) 475-1992 時7時～19時30分 休なし

進化を続けるカルチャー発信地

ロウアー・イースト・サイド

かつては危険なエリアだったが再開発でオシャレエリアに。エネルギッシュな雰囲気を感じたい。

セントラル・パーク
59 St.
イーストリバー
28 St.
14 St.
Houston St.
ハドソン川
Worth St.

こちらもCheck!
○クリントン・ストリート・ベイキング・カンパニー＆レストラン…P77
○シュガー・スイート・サンシャイン・ベーカリー…P80
○エリン・マッケナーズ・ベーカリーNYC…P80

別冊MAP P19D2

テネメント・ミュージアム
Tenement Museum

移住者の暮らしぶりを体感

19世紀後半以降、アパートに住んだ移住者たちの暮らしぶりをさまざまな資料から再現。その暮らしぶりを学ぶことができる一風変わったミュージアム。内部はツアーでのみ見学できるが要英語力。ギフトショップも充実。

DATA 交MF・J・M・Z線DELANCY ST/ESSEX ST駅から徒歩2分 住103 Orchard St. (at Delancy St.) ☎ (1-877) 975-3786 時10〜17時(金〜日曜は〜18時) 休なし 料ツアーは$30〜

1.ドイツ移民の家族が食堂を営んでいた部屋 2.アパート一棟がまるごとミュージアムになっている

別冊MAP P7D3

7115・バイ・ゼキ
7115 by Szeki

シンプルで女性らしいデザイン

日本のセレクトショップでも人気のファッションブランド。香港出身のゼキ氏が手がけた商品は、着やすく飽きのこないデザインが特徴。ニューヨークでデザインし、香港で一貫縫製している。シャツ$152、ワンピース$198〜など。ウィリアムズバーグにも支店あり。

DATA 交MF・J・M・Z線DELANCY ST/ESSEX ST駅から徒歩5分 住157 Rivington St. ☎(1-212) 614-3138 時11〜19時 休月曜

1.着心地抜群のスプリングコート$248 2.美しいフォルムにこだわる

別冊MAP P19C1

スペローネ・ウェストウォーター
Sperone Westwater

ノーマン・フォスターがデザイン

1975年開設のギャラリー。ニュー・ミュージアムのオープンで脚光を浴びるこのエリアでも最もプレステージが高い。現在の建物は2010年のもの。

DATA 交MF線2 AV駅から徒歩2分 住257 Bowery (bet.E.Houston & Stanton Sts.) ☎(1-212) 999-7337 時10〜18時 休日・月曜 料無料

Wim Delvoye Sperone Westwater, New York

Check ユダヤ系デリが多いワケ

周辺にはコーシャー・フードやベーグルを扱うデリが多い。というのも、このエリアには、さまざまな国からの移住者が住んでおり、ユダヤ人も数多く暮らしていたため。現在見られるデリは当時から続くものが多く、なかには100年以上の歴史を誇る店もある。

デリはユダヤの文化を現在へと伝えている

プチ情報 テネメント・ミュージアムのツアーは英語のみ。ほかの参加者とディスカッションする場などもあるので、本当に楽しむためには相応の英語力が必要になる。

ビューティー＆エセックス
別冊 MAP P19D2
Beauty & Essex

オシャレ空間で上質なカクテルを

食事やドリンクを楽しめるゴージャスなバー＆ラウンジ。タパスのような小皿料理は1品$18〜。

DATA 交MF・J・M・Z線DELANCY ST/ESSEX ST駅から徒歩3分 住146 Essex St.(bet. Stanton & Rivington Sts.) ☎(1-212)614-0146 時17〜23時(日・月曜は〜22時、金・土曜は〜24時、日曜ブランチ11時30分〜16時) 休なし

コサーズ・ベーグル・アンド・ビアリーズ
別冊 MAP P19D3
Kossar's Bagels & Bialys

地元紙やメディアが注目するベーグル店

1936年創業のベーグル店。長く愛される定番アイテムが自慢。ベーグルよりもやわらかい食感の「ビアリ」を販売するアメリカで最古の店として有名。

DATA 交MF・J・M・Z線DELANCEY ST/ESSEX ST駅から徒歩3分 住367 Grand St. ☎(1-212)473-4810 時6〜16時(金・日曜〜17時) 休なし

フリーマンズ
別冊 MAP P19C2
Freemans

地元っ子に愛されるカフェ

路地裏に立つ隠れ家レストラン。アンティーク調の店内でアメリカの家庭料理が楽しめる。

DATA 交MF線2 AV駅から徒歩3分 住The End of Freeman Alley off Rivington St.(bet. Chrystie St. & Bowery) ☎(1-212) 420-0012 時11〜15時、17〜23時(日・月曜は〜22時)ブランチは土・日曜10〜15時 休なし 料昼$35〜、夜$60〜

フランキー・ショップ
別冊 MAP P19D1
Frankie Shop

ファンキーでエレガント

アメリカはもちろん世界中からセレクトしたアイテムが並ぶ。ウェアのほか、シューズ、サングラスなどのアイテムも。ウェアは$200前後〜。

DATA 交MF・J・M・Z線DELANCEY ST/ESSEX ST駅から徒歩5分 住100 Stanton St. (bet. Orchard & Ludlow Sts.) ☎(1-646) 657-0225 時11〜19時(日曜は12〜18時) 休なし

スーパームーン・ベイクハウス
別冊 MAP P19D2
Supermoon Bakehouse

"ニューヨーク1"と称されるベーカリー

芸術品ともよべるような各種ペイストリーが揃う。クロワッサンにクリームをサンドしたサンデーのほか、クロワッサンとマフィンが融合したクロフィンも人気。レモン&ポピーシード・クロフィン$7は、レモンカードが入った、甘酸っぱい一品。

DATA 交MF・M・J・Z線 DELANCEY ST/ESSEX ST駅から徒歩2分 住120 Rivington St. ☎なし 時10〜18時 休火・水曜

1.バターの香ばしいバナナスプリット・サンデー$9 2.まるでギャラリーのアート作品のように並べられている

マリアム・ナシール・ザディ
別冊 MAP P19D2
Maryam Nassir Zadeh

新進クリエイターのアイテムをゲット

NYの若手デザイナーからヨーロッパのデザイナーまでが揃うセレクトショップ。ウェアやバッグ、アクセサリー、シューズなど、シンプル系アイテムを中心にセレクトされている。オリジナルのアイテムも豊富に並ぶ。

DATA 交MF・J・M・Z線 DELANCEY ST/ESSEX ST駅から徒歩3分 住123 Norfolk St. ☎(1-212) 673-6405 時11〜19時 休なし

1.コンクリート打ちっぱなしのおしゃれな店内 2.ワンピース$350〜、トップス$145〜などじっくり選ぼう

最旬スポットへと変貌中！

ハーレムで ブラック・カルチャー体験

Harlem/ 別冊MAP ● P15上

1920年代以降、「ブラック・カルチャー」の中心地として栄えた街。一時は危険地域とされていたが、近年の再開発で活気が戻ってきている。メインストリートは125 St.。近年治安はよくなったが十分注意が必要。夜はタクシーが拾いにくくなるので125 St.の北側には立ち入らないほうが無難。

DATA TIMES SQ-42 ST駅からM2・3線125 ST駅まで約15分。MA・B・C・D線125 ST駅も最寄り

1. 目抜き通りの125 St. 2. 『A列車で行こう』のモチーフとなった駅 3. グラフィティ(壁画)が点在 4. アーティストたちの写真Ⓐ 5. チキンの種類が豊富Ⓒ 6. ブラック・カルチャーを満喫Ⓑ 7. ゴスペルが聴けるグレーター・レフュージ・テンプル(別冊MAP ● P15B1)

Ⓐ アポロ・シアター
Appollo Theater

別冊MAP ● P15A1

1913年にオペラハウスとして建てられ、1934年に劇場として再スタート。以来、黒人文化の象徴として数多くのミュージシャンを輩出してきた。プロへの登竜門として知られるアマチュア・ナイトは毎週水曜に開催されている。

DATA 交M2・3線125 ST駅から徒歩5分 住253 W. 125 St. (bet. 7 & 8 Ave.) ☎(1-212) 531-5305 時料内容により異なる

Ⓑ ハーレム・スタジオ美術館
The Studio Museum in Harlem

別冊MAP ● P15B1

アフリカ系アメリカ人のアーティストの作品を展示する美術館。常設展のほか定期的に企画展を開催しており、作品は写真や絵画など多岐にわたる。なかでも人々の生活を写した写真は、ハーレムの歴史を伝える記録資料としても評価が高い。

DATA 交M1線125 ST駅から徒歩5分 住429 W. 127 St. ☎(1-212) 864-4500 時12〜18時 休料未定 ※2024年1月現在改修工事につき一時クローズ。再開未定

Ⓒ レッド・ルースター・ハーレム
Red Rooster Harlem

別冊MAP ● P15B1

実力派シェフによるオリジナル料理を楽しめる。「ラテンナイト」や「ソウル＆R&Bナイト」などのイベントも随時開催。日曜のゴスペル・ブランチは人気なので早めに席を確保したい。

DATA 交M2・3線125 ST駅から徒歩1分 住310 Lenox Ave.(bet. W.125 & 126 Sts.) ☎(1-212) 792-9001 時12〜21時(金曜〜22時、土曜11〜22時、日曜10時〜) 休なし

プチ情報 ハーレムをさらに詳しく知りたいなら、ハーレムの文化を楽しく学べるツアーに参加しよう。街を歩くウォーキングツアーや教会でゴスペルを楽しめるツアーなどがある。

もっと
More

感性を刺激する美術館でのアート散策、

ブロードウェイでのミュージカル鑑賞など

NYには知的好奇心をくすぐる場所がいっぱい。

世界4大美術館の一つ

世界有数の名作が揃う
メトロポリタン美術館

メトロポリタン美術館は、古代から現代までの作品をテーマ・時代ごとに展示する、
世界最大級の広さを誇る美術館。事前に自分なりの鑑賞プランを決めて、効率よくまわろう。

1.重厚な趣を感じさせる美術館の正面入口　2.メインエントランスは常に観光客で賑わっている

アッパー・イースト・サイド　別冊 MAP P13C1

メトロポリタン美術館
The Metropolitan Museum of Art

幅広いジャンルのコレクションが集結

1870年に政界の有力者であったジョン・ジョンストン氏の呼びかけによって設立。設立当初は十分な展示作品がなかったが、後にJ.P.モルガンやロックフェラーらによって収集されたコレクションは膨大な数となった。古代遺跡から現代絵画までコレクションの幅が広く、各ジャンルの有名作品を網羅しているのが最大の魅力。時間に余裕があれば季節ごとに変わる特別展示も鑑賞したい。

入館前にCheck

・入口
5番街沿いの82 St.にある入口から入館できる。

・フロアマップとオーディオガイド
グレート・ホールにある案内所にフロアマップがある。携帯アプリでTheMetをダウンロードすると、オーディオガイドで館内約100の作品の案内が聞ける。

・荷物の預かり所
入口で荷物チェックを受けたあと、大きな荷物はクロークへ預けることができる。

・ナイター
毎週金・土曜は21時まで開館。ただし、時間延長のこの時間帯は混雑するので注意。

・館内ツアー
日本語を含む無料のガイドツアーあり。開催日や時間などスケジュールは週ごとに変わるので事前に確認を。参加する場合は開催時間までに案内所に集合すればOK。

・まわり方
とにかく広いので、見たい作品をある程度絞っておくことが大切。時間がない人は、有名作品が集まっている2階を中心に鑑賞を。

DATA　交M4・5・6線86 ST駅から徒歩8分　住1000 5 Ave.(bet. E.80 & E.84 Sts.)　☎(1-212)535-7710　時10〜17時(金・土曜は〜21時)　休水曜　料$30(65歳以上$22、学生$17、12歳未満無料)

 プチ情報　建物正面のファサードは、自由の女神の台座や、ビルトモア・エステートをデザインした建築家、リチャード・モリス・ハントによるもの

これがベスト＆マスト！
最速1時間コース

限られた時間内で主要展示物を見学する、
「いいとこ取り」コースを見学ルート順に紹介！

START!

1 カバのウィリアム
Hippopotamus("William") `1F/136室`

ウィリアムと称されたカバの小像。胴体にはエジプトの湿地や川に群生する植物が描かれている。

2 ハトシェプスト女王像
Seated Statue of Hatshepsut `1F/115室`

エジプトで最初の女王となった、古代エジプト第18王朝5代目ハトシェプストの等身大彫像。儀式で用いられる男性用衣装をまとっているが、女性的な雰囲気も残されている。紀元前15世紀ごろの作品。

3 デンドゥール神殿
Temple of Dendur `1F/131室`

ローマ皇帝アウグストゥスがエジプトと、下ヌビアを支配した時代に建設。エジプトの神々に供物を捧げる様子が刻まれる。紀元前15年ごろの作品。

4 ルーベンスと妻エレーヌ・フールマンと息子のひとり
Rubens, His Wife Helena Fourment, and Their Son Frans/Peter Paul Rubens
ピーテル・パウル・ルーベンス `2F/618室`

ルーベンスと彼の2番目の妻エレーヌ、さらに幼い息子を描いた等身大の肖像画。ルーベンスはエレーヌを母親と妻という面から同時に描いており、エレーヌに対する愛情の深さがにじみ出ている。

5 メーダ・プリマヴェージの肖像
Mäda Primavesi/Gustav Klimt
グスタフ・クリムト `2F/829室`

ウィーン工房の融資者で企業家のオットー・プリマヴェージの依頼により、1912年に制作された娘メーダの肖像画。スケッチを何枚も描き、さまざまなポーズや衣装、背景を試したうえで、この作品にたどり着いた。

6 糸杉
Cypresses/Vincent van Gogh
フィンセント・ファン・ゴッホ `2F/825室`

ゴッホ独特の力強いタッチが印象的。糸杉はサン・レミ時代のゴッホを象徴するモチーフだが、深く豊かな緑を表現する難しさについて弟への手紙に綴っていたことで知られる。制作は1889年。

7 自画像
Self-Portrait with a Straw Hat/
Vincent van Gogh
フィンセント・ファン・ゴッホ `2F/825室`

ゴッホはパリ滞在中（1886～88年）、資金が不足してしまったが、それでも肖像画家としての技術を磨くことを決心した。その間、自身をモデルとした20点以上もの自画像を制作した。

8 ダンス教室
The Dance Class/Edgar Degas
エドガー・ドガ `2F/815室`

GOAL!

ダンサーを描いた一連の作品の一つ。オーディションに集まったバレリーナたちを描いているが、実際には自分のスタジオでモデルにポーズを取らせながら描いた。制作は1874年。

フェルメール作品は要チェック！

オランダが生んだ不世出の画家ヨハネス・フェルメール（Johannes Vermeer）。世界に30数点しかないといわれる希少な作品のうち、同時に5点も見られるのはメトロポリタン美術館だけ。展示場所は変更になる場合があるので事前に公式HPで確認。

9 窓辺で水差しを持つ女
Young Woman with a Water Pitcher 【2F/614室】

透明感のある色彩表現や女性の単身像といった構図はフェルメールの典型モチーフ。細かな技巧もすばらしいが、作品全体の統一感も見事。1660年代初めの作品。

10 少女
Study of a Young Woman 【2F/614室】

フェルメール作品では珍しい単独の肖像画。実在のモデルを描いたかどうかは定かでない。1666～67年ごろの作品。

11 眠る女
A Maid Asleep 【2F/614室】

1657年ごろに制作されたキャリア初期の作品。メイドの勤めをおろそかにして、酒に酔って眠る女を描いた。

12 信仰の寓意
Allegory of Catholic Faith 【2F/614室】

当時、オランダ上流階級の間で流行していた寓意画のスタイルを踏襲しており、チェーザレ・リーパの『イコノロギア』をモチーフに制作された。1670～72年ごろの作品。

13 リュートを調弦する女
Young Woman with a Lute 【2F/614室】

窓の外を見つめ、調弦しながら恋人がやって来るのを心待ちにしている女性を描いた作品。1662～65年制作。

レストラン＆カフェ

ペトリー・コート・カフェ
Petrie Court Café

セントラル・パークの景色を見ながら食事ができる1階にあるカフェ。

DATA 時11～16時 休水曜

グレート・ホール・バルコニー・カフェ＆バー
Great Hall Balcony Café & Bar

クラシック音楽の生演奏を聴きながら、軽食とお酒が楽しめる2階にあるカフェ＆バー。おつまみは$6.50～、ワインは$16～。

DATA 時11時～16時15分（金・土曜は～20時15分）休水曜

プチ情報 メトロポリタン美術館の分館がマンハッタン北部のフォートタイロン公園内に立つクロイスターズ（別冊MAP● P2A3）。約5000点の中世西洋美術品を収蔵するが、なかでも7つのタペストリーからなる『ユニコーン狩り』は必見。

プラスで見るなら この作品！

時間に余裕があればこちらも見逃せない。
それぞれ違った作風を見比べるのもおもしろい。

14 聖母子
Madonna and Child/
Duccio di Buoninsegna
2F/635室
ドゥッチョ・ディ・
ブオニンセーニャ

西欧絵画の礎を築いたとされるドゥッチョの代表作で、完全な形で現存する数少ない作品。同美術館が48億円以上で購入したことでも話題になった。

15 イア・オラナ・マリア
Ia Orana Maria/Paul Gauguin
ポール・ゴーギャン
2F/825室

ゴーギャンが滞在していた小さな島にカトリック教徒が多かったことに触発されて描いた1891年の作品。奥の2人はタヒチの女性、手前はマリアとイエスの聖母子だといわれる。

16 ド・ブロイ公爵夫人
Princesse de Broglie/
Jean Auguste Dominique Ingres
ドミニク・アングル
1F/957室

アングルは不本意ながらも生活のために数多くの肖像画を描いた。これもその1枚だが、ドレスの陰影などに、繊細な技法と的確な描写が見られる。1853年ごろの制作。

おみやげも 忘れずに！

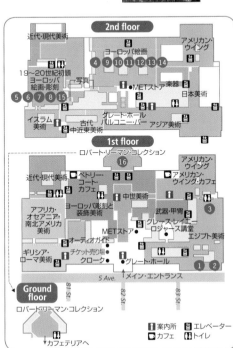

2nd floor

近代・現代美術
ヨーロッパ絵画
④ ⑩⑪⑫⑬ ⑭
アメリカン・ウイング
19～20世紀初頭ヨーロッパ絵画・彫刻
写真
⑤⑥⑦⑧⑮
★METストア
楽器
日本美術
イスラム美術
古代中近東美術
グレート・ホールバルコニー・バー
アジア美術

1st floor

ロバート・リーマン・コレクション
⑯
アメリカン・ウイング
近代・現代美術
ペトリー・コート・カフェ
中世美術
アメリカン・ウイング・カフェ
アフリカ・オセアニア・南北アメリカ美術
ヨーロッパ彫刻と装飾美術
武器・甲冑
③
METストア
グレース・レイニー・ロジャース講堂
エジプト美術
ギリシア・ローマ美術
オーディオガイド
チケット売り場
クローク
グレート・ホール
① ②
5 Ave. メイン・エントランス
81 St.
82 St.
83 St.

Ground floor
ロバート・リーマン・コレクション
↓カフェテリアへ

🛈案内所　🏛カフェ　🔲エレベーター　🚻トイレ

©The Metropolitan Museum of Art

1. 墓に置かれる故人の肖像を表す埋葬用の彫像「シャワフティ」などのブックマーク $20　2. METのオリジナルマスコット、ウィリアムの消しゴム $4.95〜
3. オリジナルのMETロゴが目印のマグカップ $22〜
4. 折りたたみ式エコバッグ $12.95〜

ココで
買えます
🎎 **METストア**
The MET Store

定番のMETオリジナルロゴのほか、所蔵作品をモチーフにしたデザイングッズも多い。

DATA ☎ (1-212) 570-3894　時10〜17時
（金・土曜は〜20時45分）　休水曜

モダンアートの聖地をチェック
現代アートが刺激的な
ニューヨーク近代美術館(MoMA)

MoMAの愛称で親しまれ、ニューヨーカーはもとより世界中の人々に愛されている美術館。
絵画、音楽、フィルム上映と、幅広い展示＆演出が魅力の現代アートの殿堂をのぞいてみよう。

Photography by Iwan Baan,courtesy of MOMA

年間250万人が訪れるモダンアートの殿堂

News 生まれ変わったMoMA

2019年にリニューアルオープンし、新たな展示室とパフォーマンスやイベントのための空間が加わった。

ミッドタウン	別冊MAP P25C3

ニューヨーク近代美術館
The Museum of Modern Art (MoMA)

NYにマッチした現代的建物

1929年に設立された近現代アート専門の美術館。現在の建物は数々の美術館を手がけた日本人建築家、谷口吉生氏の設計。コレクションは約15万点に及び、ピカソ、マティス、ゴッホといった名だたる画家の作品のほか、フィルムや工業デザインなどの現代的な表現作品も収蔵されている。

DATA 交ME・M線5 AV/53 ST駅から徒歩3分　住11 W.53 St. (bet. 5 & 6 Ave.)　☎(1-212) 708-9400　時10時30分〜17時30分 (土曜は〜19時、第1金曜は〜20時)　休なし　料＄30※65歳以上は＄22、学生＄17。16歳以下は無料(オンライン事前購入＄28、金曜は16時〜無料)

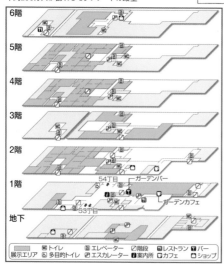

6階
5階
4階
3階
2階
1階
54丁目　ガーデンバー
53丁目　ガーデンカフェ
地下

展示エリア	WCトイレ	多目的トイレ	エレベーター	エスカレーター	階段	案内所	レストラン	カフェ	バー	ショップ

入館前にCheck

・入口
入口は53丁目側。

・フロアマップとオーディオガイド
スマートフォンでBloomberg ConnectsアプリからMoMAをダウンロードするとマップとオーディオガイドがゲットできる。

・荷物預かり所
傘、荷物、大型バッグはクロークに預ける。1階インフォメーションの裏にある

・無料入館時間
第1金曜16時以降は入館料を無料に。非常に混雑するので並ぶ覚悟で

・ナイター見学
第1金曜は20時までオープンしている

・まわり方アドバイス
4・5階の絵画と彫刻は必見。歩き疲れたら1階のガーデンやレストラン、6階のカフェで休憩を

プチ情報　MoMAは館内にミュージアムストアをもつほか、美術館の向かい側とソーホー (81 Spring St.／別冊MAP●P18B2)にもMoMAデザインストアがある。

これだけは見逃せない
必見作品

ヨーロッパ近代絵画のほかアメリカのポップアートなど、古典とは異なる、斬新で新感覚の作品が揃う。

1 キャンベルスープ缶
Campbell's Soup Cans/Andy Warhol
アンディ・ウォーホル　**4F/412**

キャンベル社の32種類のスープ缶を描いた。日常生活に主題を求め、難解な現代美術を身近なものにした。MoMAにあるウォーホル作品としては、『黄金のマリリン・モンロー』とともに必見。

提供：AGE FOTOSTOCK/アフロ

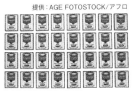

2 星月夜
The Starry Night/Vincent van Gogh
ヴィンセント・ファン・ゴッホ　**5F/502**

MoMAのコレクションで最も有名な作品の一つ。精神を病んで入院し、その療養中に描かれた晩年の傑作。

3 アヴィニョンの娘たち
Les Demoiselles d'Avignon/Pablo Picasso
パブロ・ピカソ　**5F/503**

アフリカ彫刻に興味をもったピカソが描いた5人の裸婦の肖像画。西洋画のセオリーを否定し、キュビズムの先駆けともなった。

4 ダンス I
Dance(I)/Henri Matisse
アンリ・マティス　**5F/506**

踊る女性たちの躍動感があふれている。ロシア人のコレクターが自宅に飾る絵画として注文した作品。

提供：Alamy/アフロ

アートな
おみやげ　 ## MoMAデザインストア
MoMA Design Store

MoMAの向かいにあるミュージアムショップ。モダンなデザインのオリジナルアイテムが充実。

DATA　住44 W.53 St.(bet. 5 & 6 Ave.)　☎(1-212) 767-1050　時10時〜18時30分(木・金・日曜は〜19時、土曜は〜19時30分)　休なし　別冊MAP● P25C4

ストアのベストセラー、スカイアンブレラ$55

種類豊富なノートは$4.95〜ラインナップ

本格派
レストラン　 ## モダン
The Modern

ガブリエル・クロウター氏の本格的フレンチアメリカンが味わえる。3コースランチ$150〜、ディナーは7コース$250〜。

DATA　☎(1-212) 333-1220　時11時30分〜14時、17〜21時、バー11時30分〜15時、17時〜21時30分　休日曜 ※要予約、ドレスコードあり

スタイリッシュ・
カフェ　 ## テラスカフェ
Terrace Cafe

美術館のカフェらしいポップな店内でドリンクや軽食を楽しめる。ドリンクはワインなどのアルコール類も提供。

DATA　☎なし　時11〜17時　休なし

Photography by Iwan Baan,courtesy of MOMA

アートなスポット、まだまだあります！

世界の名作が集まる個性派美術館

ニューヨークには、歴史、自然など、幅広い分野のミュージアムがいっぱい。特にミュージアム・マイルとよばれる5番街の一部には個性的で大小さまざまなミュージアムが集中している。

アッパー・イースト・サイド 別冊MAP P14A3

グッゲンハイム美術館
Solomon R.Guggenheim Museum

写真：AGE FOTOSTOCK/アフロ

建築美とともに20世紀美術品を鑑賞

1939年に大富豪のソロモン・R・グッゲンハイムが創立。1920年代後半からモダンアートの収集を精力的に行い、カンディンスキー、シャガール、ピカソなどの作品を展示。フランク・ロイド・ライト設計による渦巻き型の建物自体もユニーク。

DATA 交M4・5・6線86 ST駅から徒歩10分 住1071 5 Ave. (at E.89 St.) ☎(1-212) 423-3500 時11～18時（土曜は～20時）休なし 料$30（土曜17～20時は寄付制）

美術館の外観をデザインにしたしおり$9～

写真：Prisma Bildagentur/アフロ

美術館の外観をモチーフにしたマグカップ$23

1.1943年の設計委託から完成まで16年かかった　2.中央部は巨大な吹き抜けとなっている

©AMNH/C. Chesek

アッパー・ウエスト・サイド 別冊MAP P12B2

アメリカ自然史博物館
American Museum of Natural History

世界最大規模の施設で地球の歴史を体験

1869年に創立された世界最大規模の博物館。研究施設としても名高く、収集された標本や展示物は3300万点を超える。広い館内ではテーマごとに趣向を凝らした展示がなされており、IMAXシアターや宇宙関連の展示物も見逃せない。

DATA 交MB・C線 81 ST-MUSEUM OF NATURAL HISTORY駅から徒歩2分 住Central Park West (at W.79 St.) ☎(1-212) 769-5100 時10時～17時30分 休なし 料$28（事前にオンラインでの日時指定チケット要購入）

レトロなマグカップ$14～

1.迫力満点のティラノサウルスの骨格化石標本　2.ボザール様式による正面入口

プチ情報 街なかで見かけるパブリックアート。P115で紹介するもののほかに、地下鉄の駅構内やホームにも多いので、ぜひチェックしてみたい。

街なかのパブリックアート

ニューヨークには街なかにもアートスポットがいっぱい。パブリックアートとして、誰でも気軽に、しかも無料で見られる斬新な芸術作品を紹介しよう。

『ホープ』 Hope
別冊MAP●P24B4

ロバート・インディアナ作。インターナショナル・ホープ・デー（国際希望デー）に合わせて設置された。

『チャージング・ブル』 Charging Bull
別冊MAP●P4B3

アーチュロ・ディ・モディカの作品。ブラック・マンデーの際にアメリカの景気回復を願って制作された。

『アラモ』 Alamo
別冊MAP●P7C1

トニー・ローゼンタール作。重さ約820kgの鉄鋼彫刻で、回すことができる。愛称は"キューブ"。

アッパー・イースト・サイド　別冊MAP P14A1

ニューヨーク市立博物館
The Museum of the City of New York

ニューヨークの歴史がひと目でわかる
19世紀の消防車の展示など、当時の写真や絵画を通してニューヨークの歴史を知ることができる。5階は大富豪、ロックフェラーの部屋を移築、展示している。

DATA　交M6線103 ST駅から徒歩8分　住1220 5 Ave.（bet. E.103 & E.104 Sts.）☎(1-212) 534-1672　時10〜17時（木曜〜21時）休火・水曜　料$20

アッパー・イースト・サイド　別冊MAP P14A4

ノイエ・ギャラリー
Neue Galerie

ドイツ、オーストリア美術を展示
アールデコ様式の豪華な建物で、クリムト、ココシュカなどの艶やかなヨーロッパ美術品を収蔵。1階にはウィーンの雰囲気を楽しめるカフェ（→P93）を併設。

DATA　交M4・5・6線86 ST駅から徒歩6分　住1048 5 Ave. (bet. E.85 & E.86 Sts.)　☎(1-212) 994-9493　時11〜18時 休火・水曜　料$25

アッパー・イースト・サイド　別冊MAP P14A3

クーパー・ヒューイット国立デザイン美術館
Cooper-Hewitt, National Design Museum

さまざまなデザイン作品を展示
かつての実業家アンドリュー・カーネギーの邸宅を利用した国立美術館。特に生活に密着したデザイン作品が充実している。ミュージアムショップも要チェック。

DATA　交M4・5・6線86 ST駅から徒歩15分　住2 E.91 St.(bet.5 & Madison Ave.)　☎(1-212)849-8400　時10〜18時 休なし 料$22(17〜18時は寄付制)、季節により異なる

MPD　別冊MAP P20A4

ホイットニー美術館
Whitney Museum of American Art

現代アメリカンアートの宝庫
アメリカの芸術家たちの活動を支援するため1931年に創立。2015年5月にアッパー・イーストサイドからミート・パッキングへ移転した。

DATA　交MA・C・E線14 ST駅から徒歩10分　住99 Gansevoort St.　☎(1-212) 570-3600　時10時30分〜18時（金曜は〜22時）休火曜（金曜19時以降は無料）料$30

©Ed Lederman, 2015.

ロウアー・イースト・サイド　別冊MAP P19C2

ニュー・ミュージアム・オブ・コンテンポラリー・アート
New Museum of Contemporary Art

建築とアートがコラボした美術館
現代美術を専門に扱い、実験的で革新的な時代をリードする作品が並ぶ。斬新な建物は日本の建築家、妹島和世・西沢立衛(SANAA)が携わった。

DATA　交MF線2 AV駅から徒歩5分　住235 Bowery (bet. Stanton & Rivington Sts.)　☎(1-212) 219-1222　時11〜18時（木曜は〜21時）休月曜　料$22(木曜19時〜は寄付制)

©Benoit Pailley

生の舞台は感動もひとしお

本場で見たい！
ブロードウェイ・ミュージカル

見る人を夢の世界に誘うブロードウェイのミュージカル。涙と笑いと、人生に役立つ
ヒントがギュッと詰まった生き方のバイブルをぜひライブで楽しんで。

・今が旬の話題作

ロングランから最新作まで、ブロードウェイで話題の作品がこち
ら。公演スケジュールは時期により異なるので事前に確認を！

今見たい
最新作

©Deen Van Meer

英語が苦
手でもOK

©Matthew-Murphy

2023年初演 〔別冊MAP P24A4〕

バック・トゥ・
ザ・フューチャー
Back to the Future

変えてしまった過去を修復しながら元の世界へ

主人公・マーティが、科学者・ドクの作ったタイムマ
シンで誤って30年前へタイムスリップしてしまうSF
作品。世代を超えて愛されている映画をもとに作ら
れているのでファンなら絶対観ておきたい。

【ウィンターガーデン劇場】
Winter Garden Theatre
- -
DATA　交MN・R・W線 49 ST駅から徒歩5分　住1634
Broadway　☎(1-866) 870-2717（チケットセンター）　時
火・木曜19時、水曜19時30分、金曜20時、土曜14時・20時、
日曜14時・19時30分　休月曜　料$99〜

2022年初演 〔別冊MAP P24A4〕

MJ
ザ・ミュージカル
MJ the Musical

音楽と向き合い続けたマイケル・ジャクソンの物語

1992年から1993年にかけて開催された「デンジャラス・
ワールド・ツアー」の様子を密着取材という設定でマイ
ケル・ジャクソンのヒット曲とともにストーリーが展開し
ていく。客席の盛り上がりにも注目したい。

【ニール・サイモン劇場】
Neil Simon Theatre
- -
DATA　交MC・E線 50 ST駅から徒歩3分　住250 W.
52nd St.　☎(1-877)250-2929　時火・木・金曜19時、水
曜11時・19時、土曜14時・20時、日曜13時　休月曜
料$110〜

行く前にCheck

●ブロードウェイ・シアター・
ディストリクトとは？
タイムズ・スクエア（7番街と
ブロードウェイの交差点）周
辺にある劇場街を指す。ブロ
ードウェイ沿いの42〜53丁
目に劇場は点在。

W 54 St.
Broadway
7 Ave.
8 Ave.
タイムズ・スクエア●
W 41 St.

●最新情報の入手は？
スマホ対応のtktsアプリで当日
半額券の情報を入手できる。観
光案内所(→P140)にも各演目の
パンフレットがある。

●観劇マナーについて
開演10分前には劇場に着くようにしよう。
劇場内での写真撮影や録音は禁止されている。

 プチ情報　トニー賞とはアメリカ演劇界で最高権威の賞。ミュージカルは26部門と特別賞があり、ブロードウェイで1年間上演
されたミュージカルや演劇作品のなかから5月にノミネート作品が発表され、6月に授賞式が行われる。

2019年初演 **別冊 MAP P22A2**

ムーラン・ルージュ！
Moulin Rouge!

空間づくりからこだわる舞台に注目
パリのキャバレー「ムーラン・ルージュ」を舞台にストーリーが繰り広げられる。パリに集まった芸術家たちが「ムーラン・ルージュ」を救い、恋愛も成就させようと奮闘する。

【アル・ハーシュフェルド劇場】
Al Hirschfeld Theatre

> キレのあるダンス

DATA 交MA・C・E線 42 ST/PORT AUTHORITY BUS TERMINAL駅から徒歩2分 住302 W.45th St. ☎(1-877)250-2929 時火・金曜19時、水曜20時、木曜14時・土曜14時・20時、日曜19時30分 休月曜 料$59〜

©Evan Zimmerman

 **2019年初演** **別冊 MAP P22A1**

ハデス・タウン
Hadestown

2つの世界の間で揺れ動くラブストーリー
自由は奪われるが生活は保護される地下世界・ハデス・タウンと、生活の安定はないが自由に過ごせる地上世界の2つの舞台を行き来しながら描かれる。劇場が小さいのでどの席でも観やすい。

【ウォルター・カー劇場】
Walter Kerr Theatre

> 歌唱力が魅力

DATA 交MN・R・W線 49 St駅から徒歩4分 住219 W. 48th St. ☎(1-877)250-2929 時日曜15時、火・木曜19時、水曜14時・19時30分、金曜20時、土曜14時・20時 休月曜 料$49〜

© Matthew Murphy

 2018年初演 **別冊 MAP P22A3**

ハリーポッターと呪いの子
Harry Potter and the Cursed Child

望みを叶えるためタイム・ターナーで過去へ
ハリーポッターシリーズの完結巻である「死の秘宝」から19年後の世界の話。ハリーや、ロン、ハーマイオニーが成長して大人になった姿を見ることができ、ハリーの子ども・アルバスがストーリーのカギを握る。

【リリック劇場】
Lyric Theatre

> ダイナミックな演出

DATA 交M1・2・3・7・N・Q・R・S・W線TIMES SQ-42 ST駅から徒歩5分 住214 W. 43rd St. ☎(1-877)250-2929 時日曜15時、火・木曜19時、水曜13時・19時、金曜19時、土曜14時・20時 休月曜 料$92〜

© Matthew-Murphy

2014年初演 **別冊 MAP P22B3**

アラジン
Aladdin

大人もうなるファンタジーの名作
誰もが知るおとぎ話、アラジンと魔法のランプのミュージカル版。親子で楽しめる特殊効果を満載した『アラジン』。ディズニーランドのようなおとぎの世界を再現。空飛ぶ魔法のじゅうたんの飛ぶシーンは必見！

【ニュー・アムステルダム劇場】
New Amsterdam Theatre

> 華やかなダンス

DATA 交M1・2・3・7・N・Q・R・S・W線TIMES SQ-42 ST駅から徒歩2分 住214 W.42 St.(bet. 7 & 8 Ave.) ☎(1-877) 250-2929 時日曜13時〜、18時30分〜、火〜木曜19時〜、金曜20時〜、土曜14時〜、20時〜 休月曜 料$92〜

©Deen Van Meer

●チケット入手方法は？
【日本からの予約方法】手数料は高いか、旅行会社や日本のチケット・エージェンシー（ワールドチケットガイド URL https://twitter.com/World_Ticket）に手配を依頼すれば、日本語対応で安心。現地のチケット・エージェンシー（チケットマスター URL www.ticketmaster.com）の公式サイトで事前購入も可能。
【現地での入手方法】各劇場窓口でも購入可能。開演数時間前に突然VIP席が開放されることもある。

●tkts（チケッツ）
当日券の割引チケットを扱うブース。正規料金の20〜50％オフで購入できる。座席の指定・選択は不可。手数料は1枚$6。

tktsタイムズ・スクエア店（別冊MAP●P22B1）
DATA 時夜の公演：15〜20時、昼の公演：水・木・土曜11時、日曜11〜19時 休夜なし、昼の公演月・火・金曜 URL www.tdf.org

※公演の内容、曜日、時間は随時変わるので、事前に情報をご確認ください。

・ロングラン＆人気作

ロングラン最長記録を更新中の作品や
根強い人気と知名度を誇る名作はこちら。

ライオンキング
The Lion King

1997年 初演 ／ 別冊 MAP P22B2

何度も見たい

ディズニーが放った空前の大ヒット作

幼いライオン・シンバが勇敢な百獣の王ライオンキン
グに成長してゆく姿を描く。アフリカの大自然と動物
たちを舞台上に出現させた、驚異的な演出は壮大な
絵巻物風。

【ミンスコフ劇場】 Minskoff Theatre

- -
ＤＡＴＡ 交M1・2・3・7・N・Q・R・S・W線TIMES SQ-42 ST駅
から徒歩3分 住200 W.45 St.(bet. Broadway & 8 Ave.)
☎(1-877) 250-2929 時日曜15時～、火・水曜19時～、木・
金曜20時～、土曜14時～、20時～ 休月曜 料$110～

1.立派なライオンへと成長
していくシンバ 2.ラフィ
キと生き物たちとの合唱は
迫力満点。呪術師ラフィキ
は表情にも注目したい
3.代表曲『サークル・オブ・
ライフ』のワンシーン

©Joan Marcus

ロング ラン

シカゴ
Chicago

1996年 再演 ／ 別冊 MAP P22A1

イチ押しのダンス・ミュージカル

愛人を殺害し投獄された無名の歌手ロキシー。彼女
が無罪放免となり、マスコミを利用してショー・ビジネ
スの世界でスターになるまでを描く。天才振付家ボブ・
フォッシーのダンスと名曲の数々は見ごたえ十分。

【アンバサダー劇場】 Ambassador Theatre

- -
ＤＡＴＡ 交M1線50 ST駅から徒歩2分 住219 W.49
St.(bet.Broadway & 8 Ave.) ☎(1-212)239-6200 時日
曜15時～、19時30分～、月・火・木・金曜19時～、土曜14時30
分～、20時～ 休水曜 料$74,50～

1.さまざまな欲望を描い
た人間ドラマと天才振付
師ボブ・フォッシーのダンス
が見どころ 2.身体の柔
軟性を活かしたセクシーな
ダンスが魅力 3.ジャズ
全盛のシカゴが舞台

©Jeremy Daniel

プチ 情報 プレシアターメニューとは、劇場近くのレストランで、観劇前に食事をする人のために用意している軽めのコースメ
ニューのこと。食前酒、前菜、メイン、デザートがセットになっているのが一般的で、手頃な価格で楽しめる。

Check　オフ・ブロードウェイとは？

ニューヨークにある500席未満の実験小劇場を指す。『コーラスライン』『ヘアー』、そして『RENT』はここから誕生。空前のヒットとなりブロードウェイの大劇場に場所を移した。現在公開中の代表的な作品は右記のとおり。

♪ブルーマン[アスター・プレイス劇場／別冊MAP●P7C1]
台詞もダンスもなし。スキンヘッドの青塗り男3人組が見せるモダン劇。オフの大横綱。

♪スリープ・ノー・モア[マッキトリック・ホテル／別冊MAP●P8A2]
古い廃ホテルを舞台にした無言劇。観客が自由に館内を歩き回る演劇型アトラクション。

2003年初演 別冊MAP P24A4

ウィキッド
Wicked

映画『オズの魔法使』の前日譚を描く

ベストセラー小説『オズの魔女記』に登場する善と悪の2人の魔女に焦点をあて、語られることのなかった2人の関係を解き明かす。映画『オズの魔法使い』を先に観ておくと、より楽しめておすすめ。

【ガーシュイン劇場】Gershwin Theatre

DATA　交MC・E線
50 ST駅から徒歩1分
住222 W.51 St. (bet.
Broadway & 8 Ave.)
☎ (1-877) 250-2929
時月〜木曜19時〜、金曜20時〜、土曜14時〜、20時〜、日曜14時〜、19時〜　休月曜
料$129〜

日本でも人気

1. 軽快な音楽にのせて展開する2人のストーリーが人気
2. 悪い魔女エルファバが魔法のホウキにまたがり、空中に舞い上がるシーンは圧巻

©Joan Marcus

2011年初演 別冊MAP P22A1

ブック・オブ・モルモン
The Book of Mormon

チケット入手が困難な人気作品

モルモン教を題材にした痛快コメディ。『サウス・パーク』で大ブームを作った奇才と、異色作『アヴェニューQ』で鮮烈なブロードウェイ・デビューを果したクリエイターがタッグを組んで制作。

【ユージン・オニール劇場】
Eugene O'Neill Theatre

爆笑の話題作

DATA　交M1・C・E線
50ST駅から徒歩2分
住230 W.49 St. (bet.
Broadway & 8 Ave.) ☎
(1-212) 239-6200　時
日曜14時〜、19時〜、火〜木曜19時〜、金曜20時〜、土曜14時〜、20時〜　休月曜　料$49〜

©Julieta Cervantes

2015年初演 別冊MAP P22A2

ハミルトン
Hamilton

話題沸騰の歴史ミュージカル

$10紙幣に描かれているアレキサンダー・ハミルトンの生涯を通して、独立戦争前後のアメリカ史を描いた作品。楽曲にはヒップホップを取り入れ、歴史物語との融合が話題を集めている。トニー賞11部門を受賞。

【リチャード・ロジャース劇場】Richard Rodgers Theatre

DATA　交M1・2・3・7・N・Q・R・S・W線 IIMES SQ-42
ST駅から徒歩7分　住226
W. 46 St. (bet. 7 & 8 Ave.)
☎ (1-800) 276-2392　時
火曜19時〜、水・土・日曜13時〜、19時〜、木曜19時〜、金曜20時〜　休月曜　料$143〜

大ヒット中

©Joan Marcus

※公演の内容、曜日、時間は随時変わるので、事前に情報をご確認ください。

世界最高峰のエンタメを堪能

リンカーン・センターで楽しむ クラシックinニューヨーク

クラシックの都と称されるニューヨーク。せっかくなら、オペラや管弦楽団が本拠地とする クラシック界の殿堂リンカーン・センターで、世界最高峰の舞台芸術を楽しんで。

アッパー・ウエスト・サイド　別冊MAP P12A4

リンカーン・センター
Lincoln Center

世界中のファンを惹きつける舞台芸術の殿堂

62〜66丁目にまたがるニューヨーク最大級の複合芸術施設。オペラ・ハウスやコンサート・ホール、野外劇場などを備える。正面入口にある噴水が名物で、夜にはライトアップも。芝生の広場やベンチなどが敷地内にあり、ニューヨーカーたちの憩いの場としても使われている。リンカーン・センター内にカフェやバーやレストランもあり、鑑賞前に食事をすることも可。

> DATA　交M1線66ST-LINCOLN CENTER駅から徒歩1分
> 住Lincoln Center,65 St.(bet. Columbus & Amsterdam Ave.)
> ☎(1-212)875-5456　時施設により異なる　休なし

施設info

メトロポリタン・オペラ・ハウス
Metropolitan Opera House
ミラノのスカラ座、パリのオペラ座と並び、世界3大オペラ・ハウスの一つと称される劇場。

デイヴィッド・ゲフェン・ホール
David Geffen Hall
ニューヨーク・フィルハーモニックの本拠地。リンカーン・センター最初のホール。

デイビット・H・コーク劇場
David H. Koch Theater
広々とした舞台が特徴。ニューヨーク・シティ・バレエの公演が楽しめる。

1.正面にある噴水はドラマや映画のロケ地にもなっている　2.豪華絢爛なロビー。赤と白のコントラストが美しい　3.クラシックだけでなくジャズのコンサートも開催されるデイヴィッド・ゲフェン・ホール

©Chris Lee

Photo: Jonathan Tichler/Metropolitan Opera

ここにも行きたい

ミッドタウンウエスト　別冊MAP P24B3

カーネギー・ホール
Carnegie Hall

数々の名演奏が生まれた舞台

かつてのニューヨーク・フィルの本拠地で、「音楽の殿堂」といわれるコンサートホール。19世紀末、鉄鋼王カーネギーの援助で造られた建物は、格式の高さを感じさせる。イタリア・ルネサンス様式の外観とテラコッタの装飾が美しいと評判。

> DATA　交MN・Q・R・W線57ST-7AV駅から徒歩1分　住881 7th Ave. ☎(1-212)247-7800　時ボックスオフィス11〜18時(日曜は12時〜)　休なし

プチ情報　ニューヨークには、ニューヨーク・フィルハーモニックのほかチェンバー・ミュージック・ソサイエティも本拠を置く。弦楽器、管楽器、ピアノ、声楽などで構成された楽団。

行く前にCheck　クラシックQ&A

● **チケットの入手方法は?**
確実に手に入れたいなら、演目は限られるが、チケット・エージェンシー(→P117)で日本で事前予約を。また、各団体の公式サイトから予約もできる。現地で買う場合は、各劇場のボックスオフィスへ。

● **服装とマナー**
男性はジャケット、女性はワンピースなど、ドレスアップして出かけよう。スニーカーにジーンズ、TシャツなどはNG。開園直前は入場を断られる場合もあるので、時間に余裕をもって行動したい。

● **情報収集は?**
各団体の公式サイトに詳しい情報が掲載されている。現地では、ボックスオフィスに出向くのが賢い方法。2カ月分のプログラムが掲載されている、イベントカレンダーが手に入る。

オペラ
立ち見席なら$25～気軽に鑑賞が可能。豪華な演出に酔いしれよう!

オーケストラ
多くの有名音楽家を輩出したクラシックの都で音楽に浸ろう。

♪ メトロポリタン・オペラ
Metropolitan Opera

圧倒的な歌唱力に驚愕

「メット」の愛称で親しまれる、1833年創設の歴史ある歌劇団。年間200回にも及ぶ公演を行っている。『トゥーランドット』や『椿姫』『マダム・バタフライ』など、日本でもなじみのある名作を観劇しよう。

【本拠地:メトロポリタン・オペラ・ハウス】

DATA ☎(1-212)
362-6000 時10～
18時(日曜は12～18時) 料$25～ ※$25はラッシュケット(当日の抽選)

プッチーニ作の『トゥーランドット』。息をのむほど壮大な舞台

♪ ニューヨーク・フィルハーモニック
New York Philharmonic

トップレベルのハーモニー

1842年に創設されたアメリカ最古の、そしてニューヨーク唯一の常設オーケストラ。マーラーやトスカニーニ、ミトロプーロスら歴史的人物が音楽監督を務めた名楽団の迫力ある演奏を堪能しよう。

【本拠地:デイヴィッド・ゲフェン・ホール】

DATA ☎(1-212)
875-5656 時10～
18時(土曜は13時～、日曜は12～17時) 料$54～

現在の音楽監督は、ヤープ・ヴァン・ズヴェーデン氏

バレエ
躍動感にあふれ、斬新な演出のバレエはニューヨークならでは。

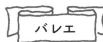

♪ ニューヨーク・シティ・バレエ
New York City Ballet

華麗な舞いに視線も釘付け

旧ソ連出身の振付家ジョージ・バランシンが創設したバレエ団。クリスマスシーズンに上演される『くるみ割り人形』は、ニューヨークの冬の風物詩。

【本拠地:デイビット・H・コーク劇場】

DATA ☎(1-212)
496-0600 時10～
20時30分(月曜は～19時30分、日曜11時30分～19時30分) 料$40～

優雅な舞いが印象的な『白鳥の湖』は人気作

Photo: Paul Kolnik

♪ アメリカン・バレエ・シアター
American Ballet Theatre

アメリカを代表する世界最高峰のバレエ団

1940年に設立。アメリカのバレエ団として初めて旧ソ連で公演を行った。毎年開催される米国内のツアーのほか、これまでに約50カ国にて海外公演ツアーも行っている。

【本拠地:メトロポリタン・オペラ・ハウス】

DATA ☎(1-212)
362-6000 時10～
18時(日曜は12～18時) 料$40～

2020年に80周年を迎えたABT。『白鳥の湖』は代表作の一つ

©Gene Schiavone

本場の音楽を生で聴きたい！

ソウルフルなリズムに酔う
ジャズ&ゴスペル

スイング、バップ、モダンと、NYを中心に進化してきたジャズと、黒人たちの教会音楽として発展してきたゴスペル。臨場感あふれるスポットでアメリカ音楽のルーツにふれよう。

ジャズ
Jazz

19世紀末にアメリカ南部で誕生したジャズは、1920年代にはニューヨークが中心地に。のちに巨星とよばれるミュージシャンも多数活躍し、新しい演奏法も次々に生み出された。

グリニッチ・ビレッジ　別冊MAP P8B4

ビレッジ・ヴァンガード
Village Vanguard

ジャズ界の巨匠たちが演奏した聖地

1935年のオープン当初は演劇やフォークライブなども行われていたが、50年代に入りジャズ専門に。店内はさほど広くないが、その分プレーヤーたちとの距離が近く、迫力ある演奏をたっぷりと聴くことができる。マイルス、コルトレーン、モンク、エバンスといったジャズ・ジャイアンツが演奏し、幾多のライブアルバムもレコーディングされた、歴史的なスポットでもある。

DATA 交M1・2・3線14 ST駅から徒歩3分 住178 7 Ave.S.(bet. W.11 & Perry Sts.) ☎(1-212) 255-4037 時20時～翌1時（ライブは20時～、22時～、時間変更の場合あり） 休なし 料$40～

1.ネオンサインが目を引く　2.かつての出演ジャズミュージシャンの写真が並ぶ　3.グレッグ・オズビーなども登場

ミッドタウン　別冊MAP P24A2

ジャズ・アット・
リンカーン・センター
Jazz at Lincoln Center

ジャズマン念願の専用ホール

タイム・ワーナー・センターの中に登場したジャズ専用のホールで、NYにできたジャズの一大拠点。ステージの周りを360度客席が囲むローズ・シアター、バックに摩天楼の景色が広がるアペル・ルーム、ソウルフードもサーブされるディジーズ・クラブの3つのスペースでさまざまなジャズ体験ができる。

DATA 交M1・A・B・C・D線59 ST-COLUMBUS CIRCLE駅からすぐ 住タイム・ワーナー・センター内（→P92） ☎(1-212)258-9877 時公演内容により異なる 休なし 料出演者により異なる

1.コロンバス・サークルを眼下に望む立地　2.アレン・ルームはミュージシャンの後ろにアッパー・ウエスト・サイドのビル群が広がる

プチ情報　最新のジャズ情報を手に入れるなら、大手のCDショップなどで入手できるフリーマガジン『The New York City Jazz Record』が便利。50ページほどもある本格雑誌で、最新のライブ情報や注目のCD紹介などが掲載されている。

♪NYジャズの
スタープレーヤー
数々の名演とレコー
ディングを残した巨
星たちを紹介。

● デューク・エリントン
ビッグバンドを率いて活躍した
スイングジャズの騎手

● ルイ・アームストロング
スキャットボーカルでも知られる
希代のトランペッター

● チャーリー・パーカー
ビバップのスタイルを生み出した
アルトサックス奏者

● エラ・フィッツジェラルド
20世紀を代表する女性トップ・
ジャズボーカリスト

● マイルス・デイビス
時代を先取りした音楽性でジャ
ズ界の帝王とよばれた

● ビル・エヴァンス
繊細で独特のサウンドが後世に
影響を与えたピアニスト

ブルー・ノート
Blue Note

グリニッチ・ビレッジ 別冊MAP P17B2

スタープレーヤーが多数出演

老舗ジャズレーベルのブルー・ノートとは関係ないが、大物アーテ
ィストをブッキングすることで名を馳せてきた。1981年のオープンとマ
ンハッタンにあっては意外と新しいジャズクラブだが、その分サウ
ンドシステムが整い、クリアな音色が楽しめる。演奏前にはボリュ
ーミーな食事もできるので、NYの夜をゆっくりと過ごしたい。

DATA 交MA・B・C・D・E・
F・M線 W 4 ST-WASH SQ
駅から徒歩3分 住131 W
3 St. (bet. 6 Ave. & Mac
Dougal St.) ☎(1-212)
475-8592 時20時～、22
時30分～(開始は18時～)
休なし 料$40～(出演者
により異なる)

一流ミュージシャンが連日登場

バードランド
Birdland

ミッドタウン 別冊MAP P22A2

ハイレベルの演奏と食事を

かつてチャーリー・パーカーやマイルス・デイ
ビスら錚々たるミュージシャンが出演した
名門クラブの名を受け継いだクラブ。現
在でもパット・メセニーや秋吉敏子など
著名なミュージシャンが多数プレイする。

DATA 交MA・C・E線 42
ST-PORT AUTHORITY
BUS TERMINAL駅から徒
歩3分 住315 W 44 St.
(bet. 8 & 9 Ave.) ☎(1-
212) 581-3080 時17時
～翌1時ごろ(公演により異
なる) 休なし 料$25～
(出演者により異なる)、ミ
ニマムチャージ$20

エレガントな雰囲気のなかで食事も楽しめる

ゴスペル
Gospel

本来、アフリカン・アメリカンの人たちが神への祈りを込めて歌い始めた宗教歌。と
はいえリズミカルでダイナミックな歌声は宗教に関係なく心に響いてくる。

タイムズ・
スクエア教会
Times Square Church

ミッドタウン 別冊MAP P24A4

旅行者も行きやすい教会

タイムズ・スクエアの中心部にある1986年に
創建された教会。日曜の午前中だけではなく、
午後もゴスペルを聴くことができる。最初の約
45分間でゴスペルが披露される。

DATA 交M1・C・
E線 50 ST駅から徒
歩3分 住237 W.
51st St. ☎(1-212)
541-6300 時ゴス
ペルは日曜10時～、
13時～、水曜19時～
休月・木・金・土曜
料寄付制

高層ビルが立ち並ぶ一角にある

アビシニアン・
バプティスト教会
Abyssinian Baptist Church

ハーレム 別冊MAP P2A3

荘厳な雰囲気が漂う教会

美しいステンドグラスをバックに行われるゴスペルは、聖歌
隊の歌に合わせて参列者も歌ったり、聖書の言葉に大きく
賛同したりと、自由な雰囲気のなかでエネルギッシュに展
開される。日曜は観光客も含め長蛇の列ができるので早
めに訪れたい。

DATA 交MB・C・2・
3線135 ST駅から徒歩
4分 住132 Odell
Clark Pl. (at W.138
St.) ☎(1-212) 862-
7474 時日曜礼拝(観
光客)は10時～ 休な
し(日曜でも観光客入場
不可の場合あり。要事前
確認) 料寄付制

ニューヨーク最古の黒人教会

目的に合わせてチョイス

ニューヨークの人気ホテル

ホテルは市内全域に点在するものの、利便性ならミッドタウンの大規模ホテルが人気。
話題のデザインホテルでオシャレに過ごすのもNY流。

ダンボ 別冊 MAP P15A4

1 ホテル・ブルックリン・ブリッジ

1 Hotel Brooklyn Bridge

対岸のマンハッタンを一望

ブルックリン・ブリッジの近くにあり、イースト川の向こうにマンハッタンの絶景を一望。木や植物の緑を取り入れた内装が心地よく、ナチュラルな空間で優雅に過ごせる。開放感抜群のルーフトップバーやプールも人気。

DATA 交MA・C線HIGH ST駅から徒歩8分 住60 Furman St. ☎(1-347) 696-2500 料ツイン$512〜、ダブル$611〜 194室 R P F

1. オーガニック食材を使用したディナーを
2. リバティキングルーム

ミッドタウン 別冊 MAP P23C4

エンバシー・スイーツ・バイ・ヒルトン・ニューヨーク・ミッドタウン・マンハッタン

Embassy Suites by Hilton New York Midtown Manhattan

抜群の立地で観光や買い物に便利

ガラス張りのファサードが目を引く39階建てのホテルで、高層階から景観美を贅沢に感じられる。モダンな客室には電子レンジなどの設備も揃う。タイムズ・スクエアや5番街のショッピングエリアも徒歩圏内。

DATA 交MB・D・F・M線 42 ST-BRYANT-PK駅から徒歩4分 住60 W. 37th St. ☎(1-212) 912-0111 料$250〜 310室 R F

1. バルコニーが付いたアクセシブルスイート 2. バルコニーからの夜景

アッパー・イースト・サイド 別冊 MAP P13C2

ザ・マーク・ホテル

The Mark Hotel

歴史ある建物をモダンに改装

1927年の建物を改装したラグジュアリーホテル。著名デザイナーが手がけた内装はスタイリッシュで、高級感が漂う。一流シェフのジャン・ジョルジュ氏がプロデュースした「ザ・マーク」も話題。

DATA 交M6線77 ST駅から徒歩6分 住25 E. 77th St. ☎(1-212) 744 -4300 料ダブル$895〜 152室 R F

1. スーペリア・コートヤード・クイーン 2. 上質なオイスターを味わいたい

シェラトン・ニューヨーク・タイムズ・スクエア
Sheraton New York Times Square

2012年に大改装を終え、よりモダンでスタイリッシュなイメージに。ミッドタウンの中心にあり、どこへ行くにも便利な立地。DATA交MB・D・E線7 AV駅から徒歩1分　住811 7 Ave. (at W.52 St.)　☎(1-212) 581-1000　料トラディショナルルーム＄314〜　1781室 R F

1. 観光の拠点に便利な立地　2. 窓からの景色が美しい

 グランド・ハイアット・ニューヨーク
Grand Hyatt New York

グランド・セントラル駅の隣に立地。近年リノベーションを終えた客室は、最新設備が整い広くて快適。DATA交M4・5・6・7・S線GRAND CENTRAL-42 ST駅からすぐ　住109 E. 42 St. (at Grand Central Terminal)　☎(1-212) 883-1234　料スタンダードルーム＄244〜　1342室 R F

 ニューヨーク・マリオット・マーキース
New York Marriott Marquis

タイムズ・スクエアのど真ん中にありながら防音設備が整い静か。ミュージカルを観に行くのには最高に便利で眺望も良好。DATA交MN・R・W線49 ST駅から徒歩5分　住1535 Broadway (at W.46 St.)　☎(1-212) 398-1900　料ゲストルーム＄399〜　1957室 R F

 ヒルトン・ミッドタウン
New York Hilton Midtown

ミッドタウンの中心地にあり、移動に便利。広々とした客室は最新設備が整い、シンプルで機能的。DATA交MB・D・E線7 AV駅から徒歩3分　住1335 Ave. of the Americas (bet. W.53 & 54 Sts.)　☎(1-212) 586-7000　料キングベッドルーム＄315〜　1981室 R F

 ウェスティン・タイムズ・スクエア
The Westin New York at Times Square

タイムズ・スクエアのすぐ近くにあり、NYの魅力を楽しみ尽くす立地にある。館内は豪華で快適。DATA交MA・C・E線42 ST-PORT AUTHORITY BUS TERMINAL駅から徒歩1分　住270 W.43 St. (at 8 Ave.)　☎(1-212) 201-2700　料スタンダードダブル＄329〜　873室 R F

 フォーシーズンズ
Four Seasons Hotel New York

5番街やミュージアム・マイルに近く観光にもショッピングにも便利。セントラル・パークを見下ろす客室も。DATA交MN・R・W線5 AV/59 ST駅から徒歩5分　住57 E.57 St. (bet. Madison & Park Ave.)　☎(1-212) 758-5700　料未定※2024年1月現在工事中。2024年秋に再オープン予定 R F

 ザ・プリンス・キタノ・ニューヨーク
The Prince Kitano New York

NYを代表する日本人経営のホテル。和食レストランや日本語新聞のサービスなど、日本人ゲストへのきめ細かい対応が人気。DATA交M4・5・6・7・S線GRAND CENTRAL-42 ST駅から徒歩5分　住66 Park Ave. (at E.38 St.)　☎(1-212) 885-7000　料ゲストルーム＄220〜　149室 J R

 パーク・ハイアット
Park Hyatt New York

カーネギー・ホールのすぐ近くに立つハイエンドなホテル。セントラル・パークを眺められる11タイプのスイートルームあり。DATA交MN・Q・R・W線57 ST/7 AV駅から徒歩3分　住153 W.57 St. (bet. 6 & 7 Ave.)　☎(1-646) 774-1234　料キングシティビュー＄963〜　210室 R P F

 ペニンシュラ
The Peninsula New York

1905年に建設された歴史ある建物。優雅な客室には寝心地のよいベッドや、テレビ付きの大理石のバスルームが完備。DATA交ME・M線5 AV/53 ST駅から徒歩2分　住700 5 Ave. (at W.55 St.)　☎(1-212) 956-2888　料スーペリアルーム＄931〜　240室 R P F

 W ニューヨーク・タイムズ・スクエア
W New York Times Square

ミッドタウンのビジネスエリアに立つ大型ホテル。シックで落ち着いたインテリアの客室にはブリスのバスアメニティなどが整う。DATA交MN・R・W線49 ST駅から徒歩5分　住1567 Broadway (at W.47 St.)　☎(1-212) 930-7400　料ワンダフルルーム＄344〜　509室 R F

 マンダリン・オリエンタル
Mandarin Oriental New York

タイム・ワーナー・センター内にある超高級ホテル。38〜54階の高層フロアを占め、セントラル・パークや摩天楼を一望。DATA交M1・A・B・C・D線59 ST-COLUMBUS CIRCLE駅からすぐ　住タイム・ワーナー・センター内(→P92)　☎(1-212) 805-8800　料ハドソンリバービュー＄950〜　244室 R P F

現地発着ツアー

慣れないニューヨークをまわるなら、現地発着のツアーが安心。現地での移動や言葉の心配も無用で、効率よくまわれるオススメプランをご紹介。

①出発・帰着時間　②所要時間　③催行日　④料金
※下記の料金は1名分。観光バス（またはバン）料金、日本語による案内料、入場料、チップ、飛行機やアムトラック利用のツアーはその往復運賃を含む

ルックアメリカンツアー
Look American Tours JTB USA Inc.

DATA ☎(1-212) 424-0800 Ⓙ　※アメリカ国内（NY市外からのみ）のフリーダイヤルは(1-800) 566-5582　時9〜17時　休土・日曜
URL www.looktour.net　※日本語可、オンライン予約可（原則的に2日前まで受付）

定番ツアー TOP3

① リバティー島に上陸、自由の女神とニューヨーク1日市内観光＋展望台チケット付き

新名所から定番スポットまで網羅した市内観光の決定版！ニューヨーク市公認ガイドが案内する市内観光ツアーで日々変化するニューヨークの情報をアップデート！世界文化遺産「自由の女神」があるリバティー島へ上陸できるのも魅力。ロックフェラー・センター展望台「トップ・オブ・ザ・ロック」入場券付き。
①7時45分〜15時15分
②7時間30分
③火・木・金・土・日曜行
④$218（3月末まで）

② ニューヨーク発ナイアガラ1日観光
〜往復航空機利用で便利！〜

アメリカとカナダにまたがる世界三大瀑布の一つ！『ナイアガラの滝』で大自然の驚異を体験！夏は迫満点の遊覧船に乗船、冬は滝の裏側のトンネルを観光！いつでも滝に大接近！マンハッタン指定ホテルからの往復空港送迎が可能（オプション選択）。
①早朝〜夕刻　②約15時間
③月〜金曜催行　④ $695〜（空港集合／3月末まで）

③ メトロポリタン美術館
「ガイドによる解説ツアー」

世界3大ミュージアムの一つ、メトロポリタン美術館。200万点以上もの膨大なコレクションのなかの代表作を、ニューヨーク市公認ガイドが日本語で丁寧に解説してくれるのもうれしい。
①9時30分〜12時　②約2時間30分
③月・木・土・日曜催行　④ $98（3月末まで）

ニューヨーク・プライベート観光
〜ガイドと街歩き〜

見たい・行きたい所がたくさんあって、行き方がわからない初心者におすすめのツアー。観光内容や目的地を伝えるとニューヨーク市公認ガイドが効率よく、希望通りにご案内。
①ご希望の時間　②4時間〜　③毎日
④$265（3月末まで）

夜景ざんまい
〜煌めくマンハッタンの夜景を満喫〜

ガイドの解説付きで夜景を効率よく巡るツアー。クイーンズ、ブルックリン、ニュージャージーの3カ所からマンハッタンの夜景をゆっくり堪能。個人では足を運ぶのが難しい場所でも、ツアーなら移動も安心楽々。
①19時30分〜22時　②約2時間30分
③月・水・金・日曜催行　④$128（3月末まで）

"ピータールーガー"のステーキを食べに行こう！
〜ウィリアムズバーグ観光付き〜

ニューヨークで最も有名・老舗のステーキハウス！自慢の熟成肉は、じゅわっと肉汁があふれ出し、絶品そのもの！食事後のおしゃれエリア・ウィリアムズバーグ散策も必見。
①11〜15時　②4時間　③月〜金曜催行　④$218（3月末まで）

ニューヨーク半日午前市内観光
〜マンハッタンストーリー午前〜

セントラル・パーク、5番街、タイムズ・スクエア、ブロードウェイなど北から南までマンハッタンの名所を効率よく見てまわる。最後はロウアー・マンハッタンで解散。
①6時30分〜11時　②約3時間　③毎日（季節により異なる）④$64〜

ニューヨーク「ブルーノートジャズクラブ」ツアー

人気のジャズクラブ「ブルー・ノート」指定のツアー。NYで聴く有名アーティストの演奏は格別。ドリンク1杯が付いてくる。
①18時30分〜22時　②3時間30分　③月・火・木・土曜行　④$278（3月末まで）

ブルックリン・ブッシュウィックグラフィティー＆ヴィンテージショップ観光ツアー

ブルックリンの文化発信地である「ブッシュウィック」の世界中のアーティストが手がけたストリートアートとヴィンテージショップへもご案内。
①9時〜16時30分　②7時間30分　③月・金曜（GW期間中は水曜も）④$69〜

【バスで行く格安ツアー】
ワシントン1日観光・日本語スタッフ同行

アメリカ政府の中枢であるホワイトハウスや、アーリントン国立墓地を訪ね、ケネディ一家のお墓も見学。ニュージャージー、デラウェア、メリーランドなど東部の代表的な州を通る、お手頃価格の1日バスツアー。
①6時30分〜20時　②13時間30分
③毎日　④$179（4月から）

ニューヨーク片道空港送迎・日本語

フライト時間に合わせて、空港⇔ホテル間を「専用車」で送迎。慣れない土地で公共交通機関を使って移動は大変・・・そんなお悩みを一瞬で解決！日本語ドライバーかお迎えするので安心。
①②フライトの時間に合わせて空港またはホテル出発　③毎日催行　④$300〜（3月まで）

自由の女神とニューヨーク最新のフードマーケット散策

ニューヨークのシンボル「自由の女神」を間近で観光！その後は、あのセレブシェフ「ジャンジョルジュ」が手がけたフードマーケットへ！ニューヨークの定番と最新のいいとこどりツアー♪
①7時45分〜12時45分　②5時間
③火・木曜　④$138（3月末まで）

記載の料金・内容はツアー参加日が2023年12月以降のデータとなります。予告なく変更となる場合もありますのでご予約の際にご確認ください。年末年始、クリスマスおよび特定日の不催行など、予告なく変更になる場合もあるので事前に問合せを。子ども料金の適応年齢はツアーにより異なります。

Topic 6

トラベルインフォメーション
Travel Information

出発前の知識や現地での注意点など、

旅に役立つ情報を事前にチェック。

不安要素を解消して、快適な旅を過ごそう。

アメリカ出入国の流れ

大事な出入国情報は旅行が決まったら
すぐにチェック! 万全の準備で空港へ。

● アメリカ入国

1 到着 Arrival

空港に着いたら、到着(Arrival)の表示に従ってメインターミナルへ移動する。

2 入国審査 Immigration

ESTA(電子渡航認証システム)を取得しており、2008年以降米国に渡航歴がある人は、自動入国審査機に進む。日本語の画面表示にしたら、指紋認証ならびにパスポートをスキャンし、顔写真を撮影。その後画面に表示される質問に回答。すべてをクリアすると撮影された顔写真が入ったレシートが出てくるので、それを持って係官のいるカウンターへ進む。初の米国渡航者は最初から有人カウンターで審査を受けること。なお、ビザ免除者でもスキャン機による指紋の認証と顔写真の撮影は必須。

3 荷物受取所 Baggage Claim

自分が乗ってきた飛行機の便名が表示されたターンテーブルで荷物が出てくるのを待つ。もしも荷物に破損があったり、出てこなかった場合は荷物引換証(Claim Tag)を航空会社の係員に見せてその旨を伝える。通常、荷物引換証は航空券の裏に貼られている。

4 税関審査 Customs Declaration

パスポートを提示。申告がない場合は緑のサインがついたカウンターへ。申告がある人は、赤いサインのカウンターへ進み、荷物検査を受ける。※2020年から米国入国審査方式が簡略化され、現在税関申告書の提出はほぼ不要になった。(空港によって異なるケースもある。)

5 到着ロビー Arrival Lobby

ジョン・F・ケネディ国際空港、ニューアーク・リバティ国際空港の各ターミナルは、出口は1カ所。

● 税関申告書の記入例

1家族に1枚でよいが、姓が異なる場合は各自1枚記入する。必要な申告を怠ると処罰の対象となるので正確に申告しよう。署名以外ローマ字で記入。

❶上段:姓 下段:名
❷生年月日(月、日、西暦の下2ケタ)
❸同行している家族の人数(本人を除く)
❹滞在ホテル名および住所(市、州)
❺パスポート発券国
❻パスポート番号
❼居住国
❽経由国名
❾航空機便名
❿~⓮「はい」「いいえ」いずれかにチェック
⓯上段:米国居住者のみ記入 下段:訪問者のみ記入
⓰署名(パスポートと同じもの)
⓱記入日

● アメリカ入国時の制限および禁止品

○申告対象品
現金…持込み、持出し無制限。ただし、$1万相当以上の額の場合、申告が必要。
みやげ品$100相当以上は申告が必要。
○主な免税範囲
アルコール約1ℓまで。たばこ200本、葉巻100本まで
※酒類・たばこの持込みはいずれも21歳以上~。
○主な持込み禁止品
肉製品(エキス、即席めん等含む)、わいせつ物、麻薬、動植物、食品(フルーツ、卵製品など含む)など。

● 日本出国時の注意点

● アメリカの入国条件

出発の10日~1カ月前までにチェック

○パスポートの残存有効期間
入国時に90日以上必要。
○ビザ免除プログラムの利用条件
ESTAにより渡航認証がされていること。商用・観光または通過目的の90日以内の滞在であること。日本のEパスポート(IC旅券)、往復または次の目的地までの航空券、乗船券を所持していること(eチケットの場合は旅程確認書)。
※上記以外の場合は在米国大使館のサイトで確認を。
※2011年3月以降に北朝鮮、イラン、イラク、スーダン、シリア、リビア、ソマリア、イエメンに渡航または滞在した等の場合はビザが必要。

旅行が決まったら準備

● ESTA(電子渡航認証システム)

ビザ(査証)を取得せずに、アメリカへ短期(最長90日)の観光・商用または通過目的で入国する場合、「ESTA」の申請が必要。費用は$21で、支払いは、指定のクレジットカードまたはデビットカードで行う。現在、マスターカード、VISA、アメリカン・エキスプレス、ディスカバー(JCB、ダイナース・クラブ)、およびPayPalが利用可能。遅くとも渡航の72時間前までに取得しておこう。一度認証されると2年間有効(2年以内にパスポートが失効する場合はパスポート有効期限まで)。申請はESTAのウェブサイトURLesta.cbp.dhs.gov/esta/上で可能。

注意事項 ESTAの申請後、入国時に確認を求められることはないが、心配なら領収書をプリントしてパスポートと一緒に保管しておくと安心。

⭕ アメリカ出国

① チェックイン Check-in

出国手続きが非常に厳しく、時間がかかるので、遅くとも出発時間の2時間前には空港へ着くように。まず搭乗する航空会社のカウンターで、預ける荷物のセキュリティチェックを受ける。その後、チェックイン・カウンターで、航空券（eチケットの場合は旅程確認書）とパスポートを係員に提示すると、搭乗券が発行される。機内預けの荷物を渡して、荷物引換書（Claim Tag）をもらえばOK。機内預けの荷物はセキュリティ強化のため、乗客立会い不可で検査される。施錠してあるスーツケースも開けられる場合があり、壊れても保険対象外なので要注意。

② 手荷物検査 Security Check

機内持込み荷物はすべてX線検査機へ通し、ボディチェックも受ける。金属類は事前に外しておこう。

③ 搭乗 Boarding

出発フロアはとても広く飲食店や免税店が多い。必ず自分が乗る便の搭乗ゲートの位置を確認し、出発の30分前には待合所にいるようにしよう。搭乗の際に、係員がパスポートを確認することもある。

●TSAロックについて
TSAロックはアメリカ運輸保安局 TSA（Transportation Security Administration）によって認可されたロックのこと。セキュリティチェックが最も厳しいアメリカであっても、鍵をかけたまま航空会社に預けることができる。「ロックしないで預けるのが不安」という人におすすめで、搭載されたスーツケースやベルトが販売されている。

⭕ アクセスガイド

○日本からの直行便

ニューヨークへの直行便は成田国際空港と羽田空港から毎日発着。関西国際空港や中部国際空港からの定期直行便はない。北海道や東北、九州など各地から出発する場合は、乗り継ぎ分、旅程を多くとる必要がある。直行便の多くはジョン・F・ケネディ国際空港への運航だが、ユナイテッド航空はニューアーク・リバティ国際空港への発着のみの運航。直行便はいずれも所要約12～13時間。

○直行便のある航空会社

航空会社	問合先
全日本空輸（NH） 成田（第1）－JFK 羽田（第3）	ANA国際線予約・案内センター ☎0570-029-333 URL www.ana.co.jp
日本航空（JL） 成田（第2）－JFK 羽田（第3）	JAL国際線予約・購入・案内 ☎0570-025-110 URL www.jal.co.jp
ユナイテッド航空（UA） 成田（第1）－EWR 羽田（第3）	☎03-6732-5011 URL www.united.com

⭕ 日本入国時の制限
機内や税関前にある「携帯品・別送品申告書」に記入し、日本帰国時の税関で提出する（家族は代表者のみ）。

●主な免税範囲

酒類	3本（1本760mℓ程度）
たばこ	1種類の場合、紙巻200本、葉巻50本、その他250g。2種類以上の持込みは換算して250gまで。日本製と外国製の区別はない。加熱式たばこのみの場合は、個包装等10個まで。
香水	2オンス（約56mℓ、オーデコロン・オードトワレは除外）
その他	1品目ごとの海外市価合計額が1万円以下のもの全量、海外市価合計額20万円まで

●主な輸入禁止品と輸入制限品

○輸入禁止品
麻薬類、銃砲類、わいせつ物、偽造ブランド品など
○輸入制限品
ワシントン条約で規制されている動植物や物品（象牙、ラン、ワニ革、ヘビ革など）。一般的な観光日程での輸入手続きは困難。果実、切り花、野菜、肉類（乾燥肉、ハム、ソーセージなど含む）など植物防疫法・家畜伝染病予防法で定められた物品は、検査証明書を添付して動植物検疫カウンターで検疫を受ける必要がある。化粧品などは数量制限あり。

●荷物の注意点

○持込み
ナイフやハサミ、工具などの凶器になりうるものは機内持込みができない。なお、引火性のある日用・スポーツ用スプレーや、ライター用燃料、花火といった危険物は持込み入れも禁止されている。
○預け入れ
預け入れが可能な荷物の大きさや重さ、個数の制限は利用する航空会社によって異なるので、事前に各航空会社の公式HPなどで要確認。携帯電話やノートパソコンなどの電子機器の予備電池や喫煙用ライターは預け入れ禁止なので、機内持込み手荷物に入れるのを忘れずに（種類によっては持込みも不可）。
○液体物の機内持込み制限
機内持込み手荷物に100mℓ以上の液体物が入っていると、出国時の荷物検査で没収となるので注意。100mℓ以下の容器に入れ、ジッパーのついた1ℓ以下の透明プラスチック製袋に入れて持ち込める。詳細は国土交通省のウェブサイト URL www.mlit.go.jp/koku/15_bf_000006.html参照。

空港から ニューヨーク中心部の交通

○ ジョン・F・ケネディ国際空港（JFK）
John F. Kennedy International Airport

別冊 MAP P2B1

マンハッタンの南東約24kmに位置するニューヨーク最大の国際空港。現在5つのターミナルが稼働しており、日本からの直行便の多くがこの空港に発着する。航空会社によって利用ターミナルが異なるので、事前にチェックしておこう。

●空港内の主な施設

各ターミナルには交通案内所、両替所、ATM、ショップ、カフェ、レストランなどがある。交通案内所では空港からの交通手段についての案内や各種チケットを販売。

○ブランドショップ

出発フロアにブランドショップがあるが、ショップの数はターミナルにより異なる。充実しているのはターミナル1、4、8。

○ダイニング

出発フロアにはフードコートやバー、レストランがあるので、出発直前にも食事が可能。

●主な航空会社の国際線ターミナル

全日本空輸（NH）　ターミナル7
日本航空（JL）　ターミナル8
アメリカン航空（AA）　ターミナル8
デルタ航空（DL）　ターミナル4

●ターミナル間の移動はエア・トレインで

乗り継ぎ等でターミナル間を移動する場合はエア・トレインを利用しよう。各ターミナルや駐車場など空港内の主要施設に停車し、空港内であれば無料で乗り降り可能だ。

交通機関	特徴	料金（片道）	運行時間／所要時間
スーパーシャトル（乗り合いバス）	空港各ターミナルと宿泊先を結ぶ乗り合いシャトル。交通案内所で予約できるほかWEBサイトでも予約可能。URL www.supershuttle.com	$47程度	5〜24時／60〜90分
NYCエアポーター	各ターミナルからグランド・セントラル駅、ペンシルバニア駅、ポート・オーソリティ・バス・ターミナルを結ぶバス。	$37	6〜19時ごろ／約90分
タクシー	人数が多いときや荷物が多いときに便利。白タクを避けるために正規タクシー乗り場から乗車すること。	$70＋通行料＋チップ ※祝日を除く16〜20時は$5の追加料金が必要	24時間／45〜60分
エア・トレイン＋地下鉄	各ターミナルから発着するエア・トレインから地下鉄A・E・J・Z線に接続する。乗り換えがあるので荷物が多いと大変だが、とにかく安い。	$11.15 ※地下鉄$2.90＋エアトレイン$8.25	24時間／50〜75分

プチ情報　ニューヨーク近郊の3つの空港の詳しい情報は URL www.panynj.gov/airports/ で確認を。

ニューヨークには3つの空港があり、日本からの直行便が発着するのはジョン・F・ケネディ国際空港（JFK）とニューアーク・リバティ国際空港（EWR）の2つ。アメリカ国内経由便の場合は国内線専用のラ・ガーディア空港（LGA）に発着する場合がある。日本からの直行便はユナイテッド航空のみニューアーク・リバティ国際空港に発着。それ以外はすべてジョン・F・ケネディ国際空港に発着する。

ニュージャージー州　タクシーで30分　ラ・ガーディア空港 La Guardia Airport
タクシーで45〜60分　マンハッタン　クイーンズ
ニューアーク・リバティ国際空港 Newark Liberty International Airport　タクシーで45〜60分　ブルックリン　ジョン・F・ケネディ国際空港 John F. Kennedy International Airport
スタッテン島

● ニューアーク・リバティ国際空港（EWR）
Newark Liberty International Airport 別冊 MAP P3C4

マンハッタンの南西約26km、ニュージャージー州にある国際空港。ユナイテッド航空のハブ空港で国内線のほか国際線も多く発着している。A〜Cの3つのターミナルがあり、日本からはユナイテッド航空の直行便がターミナルB・Cに発着している。

●空港内の主な施設

各ターミナルには両替所、ATM、ショップ、カフェ、レストランなどがあり、交通案内所では空港からの交通手段についての案内をしている。

交通機関	特徴	料金（片道）	運行時間/所要時間
スーパーシャトル（乗り合いバス）	空港各ターミナルと宿泊先を結ぶ乗り合いシャトル。交通案内所で予約できるほかWEBサイトでも予約可能。URL www.supershuttle.com	$45程度	5〜24時/60〜90分
ニューアーク・エアポート・エクスプレス	各ターミナルからグランド・セントラル駅、ブライアント・パーク、ポート・オーソリティ・バス・ターミナル、ハドソン通りを結ぶバス。	往復$33（片道$18.70）	4時〜翌1時/約50分
タクシー	人数が多いときや荷物が多いときに便利。白タクを避けるために正規タクシー乗り場から乗車すること。	$70〜90＋通行料＋チップ 帰路分の通行料$20が加算（州をまたぐので）	24時間/45〜60分
エア・トレイン＋ニュージャージー・トランジット	各ターミナルから発着するエア・トレインに乗り、ニューアーク・リバティ国際空港駅でニュージャージー・トランジットに接続。ペンシルバニア駅へ。	$15.75	5時〜翌2時ごろ/40〜60分

● ラ・ガーディア空港（LGA）
La Guardia Airport 別冊 MAP P2A1

マンハッタンから約13kmの距離にあり、3つの空港のなかでは一番近い。国内線専用の空港で、デルタ航空やアメリカン航空などの国内線が発着。日本からアメリカ国内経由で入る場合はこの空港に発着することがある。

●空港内の主な施設

4つのターミナルがある。2020年の改装後ショップやレストランが充実した。ニューヨーク市内への交通は交通案内所で。

●空港からのアクセス

スーパーシャトル（乗り合いバス）は片道$40〜で所要45〜60分ほど。タクシーなら$40〜50＋通行料＋チップ。所要30分ほどなので、2人以上なら早くて安い。グランド・セントラル駅やペンシルバニア駅、ポート・オーソリティ・バス・ターミナルへのNYCエアポーターは片道$30で所要約1時間。また、M60番バスでM2〜6線125 ST駅、M1線116 ST駅まで行く方法もある。所要約1時間。

 プチ情報　空港内でのスリ・置き引き、白タク被害などが報告されている。荷物からは目を離さないようにし、気をゆるめないようにしたい。

市内交通

主な交通手段は3つ。簡単で確実なのは地下鉄だが、東西の移動に弱いのが欠点。
バスやタクシーをうまく組み合わせて自在に街歩きを楽しみたい。

● 街のまわり方

マンハッタンの道路は碁盤の目状になっているのでわかりやすい。
主要な通り名を覚えてしまえば、住所を見ただけでだいたいどのあたりかわかるようになる。

●住所表記

正式な表記は番地＋通り名（ストリートまたはアヴェニュー）だが、わかりやすいようにストリートとアヴェニューの両方を併記する場合もある。住所表記の際に補足的に使われる代表的な言葉は次のようなものがある。

between(bet.) A & B →AとBの間
corner of（cnr. of）C →Cの角
at D →D交差点

●番地のルール

番地は片側に奇数、反対側に偶数が並ぶ。南北に走るアヴェニューは南から北に向かって数字が大きくなり、奇数番地は道の東側、偶数番地は道の西側にある。東西に走るストリートは5番街を中心にウエストは西側方向に、イーストは東側方向に進むにつれて番地が大きくなる。奇数番地は道の北側、偶数番地は道の南側にある。

●アヴェニューとストリート

アヴェニュー（Avenue）は南北に走る通りのことで「～街」と言い換えられる。住所表記では Ave. と省略される。東から西に向かって1～12Ave.まであり、各 Ave. の間の距離は約250m。一方、ストリート（Street）は東西に走る通りのことで表記は St.。5番街を境に東がイースト East、西がウエスト West とよばれ、それぞれ通り名の前に E.、W. と表記される。St. 間の距離は約80m。

●住所の読み方の例

ペニンシュラ
The Peninsula New York
(P125) H
E.55 St.
W. 54 St.
5th Ave.
E 54 St.
コーチ
ニューヨーク
近代美術館(P112)
W 53 St.
E 53 St.
5 AV / 53 ST

例1 700 5 Ave.(at W.55 St.) →5番街の700番地でW.55ストリートとの交差点にある。ウエストなので西側にあることがわかる。

例2 11 W.53 St.(bet. 5 & 6 Ave.)
→ウエスト53ストリートの11番地で、5番街と6番街の間。番地が奇数なので通りの北側にあることが読み取れる。

OMNY って知ってる?

非接触式決済としてニューヨーク市5区の全駅に導入された新しい支払いシステム。地下鉄やバスに乗車する際、改札にある機械にOMNYアカウントに登録したカードなどをタッチするだけで運賃の支払いが済むようになった。

OMNY の利用方法

1 公式HPでアカウントを作成
URL http://omny.info
2 名前、電話番号、国、郵便番号などを入力
3 アカウント作成後、サインインする
4 Walletの Travel Cardにリンク
5 クレジットカードなどを登録
※1週間に12回乗ると13回目からは運賃が無料になるという特典もある。

改札の通り方

Entry(入口)と表示のある自動改札の手前にOMNYの機械がある。OMNYのアカウントに登録した非接触型クレジットカードやデビットカード、スマート決済ができるカードを機械にタッチ。GOという表示が出たら、手動のスチールバーを押して通る。

 プチ情報 OMNYで選択できる支払い方法はクレジットカードやデビットカードはもちろん、Apple payやGoogle payなども対応している。

⭕ 地下鉄

Subway 路線図   別冊 MAP P26

ニューヨークをくまなく網羅する地下鉄。全26路線のうち多くの路線がマンハッタンを通っている。各路線は、数字またはアルファベットで表記され、10色に分類されている。各駅停車と急行があるので、乗車の際には間違えないように注意が必要。

⭕料金
全線一律料金で$2.90

⭕運行時間
24時間運行。(路線により異なる)

←路線図は駅構内のブースでもらえる

●観光に便利な路線

⭕N・Q・R・W線
ブロードウェイ沿いを走る。マンハッタン地区内でN・R・Wは各停、Qは急行。

⭕4・5・6線
アッパー・イースト・サイドとロウアー・マンハッタンを結びブルックリンへ。4・5線は急行。

⭕1・2・3線
アッパー・ウエスト・サイドとロウアー・マンハッタンを結びブルックリンへ。2・3線は急行。

 注意ポイント

⭕深夜や早朝は駅員の目が届く「オフ・アワー・ウェイティング・エリア」で列車を待とう。

⭕各車両に設けられている優先席 Priority Seatには、できるだけ座らない。

⭕改札でカードをスリットに通す際は、ゆっくりと通すとエラーになりにくい。

⭕回転扉式の改札は、メトロカードを通した後に扉を回し損ねることが多い。その場合18分間は入場できないので、おとなしく待つか係員のいる改札でカードを提示して入れてもらおう。

メトロカードは廃止に

2024年中にメトロカードは廃止になる予定。完全移行まではメトロカードの利用も可能。今後メトロカードが廃止された後、クレジットカードやスマートフォンを持っていない人はCVSなどのドラッグストアでOMNYカード(プリペイドカード)を購入して利用できる。プリペイド式のOMNYカードを使う場合もインターネット上でOMNYの登録は必要なので忘れないように。

メトロカードを利用の場合は、カードを改札付近にある自動券売機で買う。改札を通る時には自動改札にメトロカードの磁気部分をスライドすれば通ることができる。

→路線名を確認しよう

●乗ってみよう

路線は少々複雑。路線番号、行き先、各駅停車か急行かなどをしっかり確認してから乗車しよう。

1 駅を探す
地下に下りる階段と色分けされた路線名が目印。赤いランプは出口専用、緑のランプは24時間オープンのブースがある駅。路線名と同時に Downtown, Uptown など方向も確認しておこう。

2 切符を買う
メトロカードはチケットブースや自動券売機で、1回券は自動券売機でのみ販売。自動券売機は現金が使えないものもある。

3 改札を通る
OMNYアカウントに登録したスマートフォンやカードを機械にタッチし、GO表示が出たら回転バーを押して構内に入る。

4 ホームに出る
路線名と方向をたどってホームへ。方向は Uptown または Downtown と表示されていることが多く、通常 Uptown が北行き、Downtown が南行き。

5 乗車する
ホームには電車の到着時刻を知らせる表示がある場合も。到着した電車の先頭車両や側面に表示されている路線番号と行き先を確認してから乗車しよう。

6 下車する
車内では駅名や乗り換え路線のアナウンスがある。ホームに表示された駅名を確認してから下車する。

7 改札を出る
Exitの表示に従って改札に向かう。タッチなどは不要でバーを回して出ればよい。

⭕乗り換え
乗換駅では、路線番号はホームに記されている。複数路線が乗り入れている場合は Transfer という表示の方向へ向かおう。

プチ情報 週末は急行が各駅停車になったり運休したり、イレギュラーな運行になることも。つど確認してから乗車しよう。

バス Bus

市内を網羅している路線バス。特に地下鉄路線が少ない東西の移動時に威力を発揮する。多少の土地勘が必要になるのと、停車間隔が短い分移動に時間がかかるのが難点だが、乗りこなせれば街歩きの効率は格段にアップする。

←オフィシャルのバス路線図

↑小回りの利く路線バスを乗りこなそう

○料金
全線均一で$2.90。乗車時に現金で支払えるほか、メトロカードを利用できる。現金の場合はお釣りが出ないので注意。バスを乗り継ぐ場合は乗車時に乗換券Transferをもらえば一度だけ乗り換えOK。メトロカードなら2時間以内は乗り換え無料。

○運行時間
主要路線は24時間運行(路線により異なる)。

●路線の確認方法
大まかな路線図はMTAのサイトかアプリ(MYmta)にて確認できる。路線図が設置されているバス停もある。

1 路線図
路線図では各路線のルートが色分けされていて、始発、終着バス停やバスが走る方向、主要な通り名が明記されているので見やすい。マンハッタンを走る路線名には「M」がついている。

2 バス停で確認
路線が確認できたらバス停を探そう。マンハッタンでは南北では2~3ブロックごと、東西では各ブロックにある。バス停の路線図には停留所名や乗り換え路線の案内もあるので、しっかり確認しておこう。

●観光に便利な路線
○セントラル・パークを横切る
M66、M72、M79、M86、M96、M106
○東西に移動する場合(通り名と路線番号が同じ)
M8、M14A、A14D、M23、M34、M42、M50、M57

 注意ポイント
○現金で支払う場合1¢以外のコインのみ使用できる。
○車内前方の優先席はできるだけ利用しない。
○利用者の多いM15、M34、M60などではバス停に発券機が設置されている。乗車前に必ずチケットを発券しておこう。3カ所あるドアのいずれからも乗車できる。
○24時間運行のバスなどでは「Stop A Request」というシステムがある。23時~翌5時は路線上の好きな場所で降車できるというもので、乗車時に運転手に下りたい場所を告げると最寄りの安全な場所で停車してくれる。

●乗ってみよう
バス停の間隔は短いので1つくらい乗り過ごしても心配ない。間違いを恐れず、まずは乗ってみよう。一度コツをつかんでしまうと地下鉄よりも気軽に使えるようになる。

1 バス停を探す
バス停は青いサインボードが目印。利用する路線番号が書かれていることを確認しよう。

2 路線を確認
停留所の路線図で降車するバス停の名前や乗り換え路線番号などを確認しておく。バス停には時刻表もあるが、道路事情に大きく左右されるので当てにならない。

3 乗車する
バスが来たら車体前面に書かれた路線番号を確認。乗車の合図は必要ない。バスが停車しドアが開いたら前方ドアから乗車し運賃を支払おう。乗換券が必要な場合は運転手にその旨を告げよう。地下鉄と同じようにOMNY(→P132)で支払い可能なバスもある。

4 車内で
乗車したら奥に進もう。発車時に次のバス停名のアナウンスがあるので聞き逃さないように。降車の合図は赤いボタンや、シートの横や窓枠の黒または黄色のテープ。押すと前方に「Stop Request」のランプが点灯する。

5 降車する
降車は前または後ろのドアから。ドアは自動式と半自動式があり、停車しても開かない場合は黄色いテープ状のバーを押すと開く。

○ タクシー　Taxi

「イエローキャブ」の愛称で親しまれるタクシー。日本より安く、荷物が
多いときに重宝するが、ラッシュ時はつかまえるのが大変。料金はメー
ター制でチップが必要。

↑黄色い車体が目印

●タクシー料金

初乗りは1/3マイルまで$3。以降1/5マイルごとに50¢、
信号待ちや渋滞時は60秒ごとに70¢加算される。平日
の16〜20時はラッシュアワーで、この間は$2.50加算。
20時〜翌6時は深夜料金として最終料金に$1加算され
る。有料道路や橋などの通行料は乗客負担。チップは
料金の15〜20%ほど。マンハッタン内乗車または降車
の場合はコンジェスチョン・チャージ$2.50加算。

注意ポイント

○利用者が多いミッドタウンではつかまえるのが大変。
特に夕方のタイムズ・スクエア周辺や5番街は激戦区。
○正規のタクシーは黄色い車体。白タクには注意。
○運転手がおつりを持ち合わせていない場合もあるの
で、少額紙幣の準備を。
○渋滞時には思った以上に時間がかかる場合も。車の流
れを見て、ほかの交通機関の利用を早目に検討しよう。

マンハッタンの3つのターミナル

グランド・セントラル駅 Grand Central Terminal
マンハッタンと郊外を結ぶ長距離列車が発着する。ボザ
ール様式の重厚な建物も必見。(→P31)

ペンシルヴァニア駅 Pennsylvania Station
ニュー・ジャージー州方面の列車が発着。マディソン・ス
クエア・ガーデンの地下にある。別冊MAP●P8B1

ポート・オーソリティ・バス・ターミナル
Port Authority Bus Terminal
ボストンなどの各都市と結ぶ。一日に約20万人が利用す
る全米最大のバスターミナル。別冊MAP●P22A3

●乗ってみよう

有名観光地以外の行き先の場合は、言葉に自信がな
ければ住所を書いたメモを用意しておこう。

1 **タクシーを探す**

主要駅やホテルの近くの乗り場
から乗るのが確実。流しのタク
シーを拾う場合は手を挙げて合
図。交差点付近で待つのが効率的だ。屋根の上のライ
トが点灯しているのが空車のサイン。

2 **乗車する**

自分でドアを開けて乗車。運転
手に行き先を告げるかメモを渡
すが、住所は通り名と番地だけで
なく、どことどこの間(bet. A & B
→P132参照)がわかるとよりス
ムーズ。乗車後はメーターが作動するのを確認しよう。

3 **支払い&降車する**

メーターを確認し、15〜20%ほ
どのチップを上乗せして支払う。
クレジットカードは全車利用可能
で、タッチ画面式の場合は案内
に従って画面を操作する。降車
時も自分でドアを開ける。

○ フェリー　Ferry

マンハッタン島沿岸の南北の移動や、マンハッタン〜ブルックリン間の
往来に便利な計7本の路線からなる。移動しながらニューヨークの景色
も楽しめるので観光にはオススメ。

↑フェリー乗り場は多くの利用客
で賑わう

○料金
全線均一で$4。各ドックに設置されている販売機ま
たは専用アプリでチケットを購入。料金は地下鉄と
同じだが、地下鉄のチケットはフェリーでは使用でき
ない。

○運航時間
路線により異なるが概ね6〜22時。
詳細はHPを確認 URL www.ferry.nyc

●観光に便利な路線

○ブルックリン沿岸を結ぶ
East River Ferry

注意ポイント

○ブルックリン内の移動などは地下鉄よりも早いが、航
路によっては遅い場合もある。
○地下鉄に比べ運航頻度は低く、長く待つ可能性が高い。
○通勤にもよく利用されており、混雑する朝夕のラッシ
ュアワーの利用は控えたほうが無難。

旅のキホン

世界各国から人が集まる大都市ニューヨーク。雑多な文化や習慣が入り交じっているので、基本的なルールやマナーは事前にしっかりとチェックしておこう。

⬤ お金のこと

アメリカの通貨単位はドル（$）で、$1は100セント（¢）になる。レートは変動相場制で、また紙幣、硬貨ともに6種類あり、紙幣は偽造対策で順にデザインを変更している。現金は必要最低限の額を持参しよう。

$1≒147円

（2024年1月現在）

どの紙幣もサイズが同じなので、使用するときは要注意。硬貨は1、5、10、25¢で、それぞれペニー、ニッケル、ダイム、クォーターとよばれる。50¢と$1の貨幣もある。チップとしてよく使う$1紙幣は常に用意しておいたほうが便利。現金のほかにはクレジットカード、国際デビット、トラベルプリペイドカードなどがあるので、自分のスタイルに合ったカードを選ぼう。

$1　$5　$10　$20　$50　$100

1¢ ペニー　5¢ ニッケル　10¢ ダイム　25¢ クォーター

⬤両替

両替できる場所は多いので日本円の現金だけ持って行っても困ることはない。銀行や民間の両替所、ホテルなどで両替できるが、レートや手数料がまちまちなので、できるだけ有利な場所を選ぼう。

日本の銀行	街なかの銀行	両替所・ホテル	ATM
レートがいい	営業時間が短い	便利だが割高	簡単で便利
必要と思われる現金は日本の銀行で両替しておくのがいちばん有利。間に合わなければ、出発前に空港の銀行で必要分を両替しておこう。	レートはいいが、週末は閉まっているなど営業時間が短いのが難点。パスポートの提示を求められるなど手続きに時間がかかる場合もある。	営業時間が長いので便利に使えるが、空港の両替所やホテルはレートや手数料が割高。街なかの両替所のレートは比較的よい。	クレジットカードや国際キャッシュカードで現金を引き出せる。いたるところに設置されており24時間利用できるので、いざというときにも便利。

大手はこの2つ

シティバンク 銀行

JPモルガン・チェース銀行

ジョン・F・ケネディ国際空港内にあるATM

ATMお役立ち英単語集

暗証番号…PIN/ID CODE/SECRET CODE
確認…ENTER/OK/CORRECT/YES
取消…CANCEL
取引…TRANSACTION
現金引出…WITHDRAWAL/CASH ADVANCE
金額…AMOUNT

プチ情報　カードのみ対応可のカフェやショップも多くなっているが、一方でカードを利用できない店もある。また、カード支払いの最低料金が設定されている場合もあるので現金の持ち合わせが少ないときは事前に確認しておこう。

⭕ シーズンチェック

祝祭日やイースターの期間はレストランやショップが休業になることも。旅行日程を決める前にチェックしておこう。

● 主な祝祭日

1月1日	元日
1月15日※	キング牧師記念日（1月第3月曜）
2月12日	リンカーンの誕生日（NY州のみ）
2月19日※	プレジデント・デー（2月第3月曜）
5月27日※	メモリアル・デー（5月最終月曜）
6月19日	ジューンティーンス
7月4日	独立記念日
9月2日※	レイバー・デー（9月第1月曜）
10月14日※	コロンブス・デー（10月第2月曜）
11月5日	選挙の日（NY州のみ）
11月11日	退役軍人の日
11月28日※	感謝祭（11月第4木曜）
12月25日	クリスマス

独立記念日には花火が打ち上げられる

ロックフェラー・センターなどで、イルミネーションを楽しめる

● 主なイベント

1月中旬〜※	レストラン・ウィーク（冬期）
3月16日	セント・パトリック・デー
3月29日※	グッド・フライデー
3月31日※	イースターパレード
7月下旬〜※	レストラン・ウィーク（夏期）
9月11日	WTCメモリアル・デー
9月下旬〜※	ニューヨーク映画祭
10月31日	ハロウィン
11月3日※	ニューヨーク・シティ・マラソン
11月中旬〜※	クリスマス・イルミネーション
12月31日	タイムズ・スクエア・カウントダウン

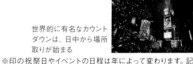

世界的に有名なカウントダウンは、日中から場所取りが始まる

※印の祝祭日やイベントの日程は年によって変わります。記載は2024年1月〜12月の予定です

● 気候とアドバイス

春 3〜5月	3月はまだ寒い日が多いので温かい服装を。5月にはすっかり春らしくなり、日中は半袖で過ごせる日も。	**夏** 6〜8月	7・8月は猛暑となる日も多く、日差しが強いのでサングラスが必携。冷房対策に長袖シャツがあると便利。	
秋 9〜11月	10月上旬〜11月上旬は爽やかで過ごしやすい季節。朝夕は冷え込むこともあるので、防寒対策も万全に。	**冬** 12〜2月	寒さが厳しく氷点下になる日も。帽子や手袋などの防寒アイテムとともに、雪に備えてブーツなども必要。	
スポーツ 観戦 シーズン	野球（MLB）　3月下旬〜9月下旬 アメリカン・フットボール（NFL）　9〜1月 バスケットボール（NBA）　10〜4月 アイスホッケー（NHL）　10〜4月			

● 気温と降水量

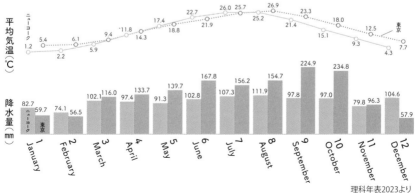

理科年表2023より

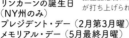

プチ情報 美術館やミュージカルなど、屋内のアクティビティが主体ならシーズンオフとなる真冬が狙い目。ホテルの料金も下がる場合が多いので財布にもやさしい。ただし、防寒対策は万全に。

◯ 電話のかけ方

●ホテルの客室からかける場合…最初に外線番号を押し、続けて相手先の電話番号をダイヤルする。外線番号は、各ホテルの客室に置いてある案内書を参照。
●自分の携帯電話からかける場合…機種や契約によってかけ方や料金体系がさまざま。日本出国前に確認しておこう。

● ニューヨーク → 日本

011（アメリカの国際電話識別番号）ー81（日本の国番号）ー相手の電話番号（市外局番の最初の0はとる）

● 日本 → ニューヨーク

010（国際電話識別番号）ー1（アメリカの国番号）ー相手先の市外局番ー相手の電話番号

● ニューヨーク市内通話

1（アメリカの国番号）-相手先の市外局番に続いて電話番号をそのまま押せばよい。ホテルの客室からかける場合は、先に外線番号（ホテルにより異なる）をダイヤルする。

◯ インターネット事情

● 街なかで

インターネットカフェは多いが日本語環境の整った端末を置いているところは少ない。マクドナルドやスターバックスなど無料でWi-Fiが使える場所は多いので、スマートフォンやタブレットPCなどを持参すると便利。特にマンハッタン内では、美術館内や公園、地下鉄駅など、使える場所はどんどん増えているので、インターネットに接続したい場合はまずは電波を探してみるといいだろう。

● ホテルで

ニューヨークのホテルではほとんどの客室で有線または無線LANによるインターネットの利用が可能。無線LANの場合はパスワードが必要なので、チェックインの際にSSIDとパスワードを確認しておこう。また、ホテルによっては、ロビーやビジネスセンターなどに宿泊客が利用できる端末を設置している場合もある。客室で利用する場合には料金はホテルによって異なるため、予約時に確認しておこう。ロビーなどの公共スペースは無料で利用できるところが増えている。

◯ 郵便・小包の送り方

● 郵便

切手は郵便局のほか、ホテルのフロントやドラッグストアなどで購入できる。日本へ送る場合、宛先は「JAPAN」「AIR MAIL」のみローマ字で書いておけばあとは日本語で大丈夫。投函は「US MAIL」と書かれた青色のポストか、ホテルのフロントに頼むとよい。小包は郵便局に直接持ち込む。内容や重量を記した送付状を提出し、内容物を明記したグリーンシールを貼る。配達の期間が1〜3営業日や3〜5営業日のプランもある。

アメリカ合衆国郵便公社　United States Postal Service ［URL］www.usps.com（英語）

ニューヨークから日本へ送る場合の目安

内容	重量とサイズ	料金
ハガキ、封書	1オンス（約28g）まで	$1.55
定額小包※ （Large Flat Rate Box）	約30.5×31×14cmの箱に20ポンド（約9kg）まで	$121.30

※定額小包は6〜10日で届くPriority Mailを使用した場合の料金

● 宅配便

ニューヨークには日本の配送会社があり、日本語でも対応可能。マンハッタン周辺のホテルなら客室まで荷物をピックアップしに来てくれる。事前に要問合せ。※問合せはウェブサイトフォームからのみ

ヤマトトランスポートU.S.A ［URL］www.yamatoamerica.com

プチ情報　海外では日本の携帯電話を使うことも可能。ただし通話料金や接続料金が割高になるので、利用する際には注意が必要。利用可能な機種や使い方は、各電話会社に確認を。

◯ その他　基本情報

● 水道水は飲める？

ニューヨークの水道水はそのまま飲んでも基本的には問題ないが、慣れない人や不安な人はミネラルウォーターがおすすめ。ベンダーやデリ、ドラッグストア、スーパーマーケットなどで購入できる。

● プラグと変圧器

アメリカの電圧は通常120V。日本の電圧は100Vなので、日本の電化製品もそのまま使用できる。ただし、長時間の使用は避けたい。最近は変圧器内蔵型の海外用電気製品が売られているのでそれを持参するのもあり。プラグは2本式が主流。

Aタイプ

● たばこ

喫煙マナーは日本より厳しく、ホテル、レストラン、バー、空港など公共の場所では禁煙となっている。ホテルの客室も全室禁煙のところが増えてきている。街なかで歩きたばこの人を見かけることもあるが、「Smoke Free」と書かれている場所は禁煙となっている。たばこに課せられている税率は高く、1箱20本入りで$7。

● ニューヨークの階数表示

ホテルやデパートなどの階数表示は1階が1st Floor、2階が2nd Floorというように日本と同じ。地下1階は1st Basementで1Bと表記される。ホテルのエレベーターではロビー階は「L」ボタンで示されることが多い。

● 並び方にもコツがあります

スーパーのレジなどでは、レジごとに並ぶのではなく1列で順番待ちをする場合が多い。順番抜かしに対する目は厳しいので、列がどうなっているか確認してから並ぶようにしたい。

● トイレに行きたくなったら

街なかに公衆トイレはほとんど見かけないので、ホテルやデパートのトイレを利用しよう。ファストフード店のトイレは基本的にはお客さん専用なので、緊急時にはドリンクなどを購入してから利用したい。

デパートやショッピングモールのトイレが使いやすい

● ビジネスアワーはこちら

ニューヨークの一般的な営業時間帯。美術館や博物館は週に1日、時間延長して開館する日を設けているところがある。

ショップ	時10〜18時
レストラン	時12〜14時、18〜22時
デパート	時10〜20時
銀行	時9〜17時 休土・日曜

※店舗によって異なる

● サイズ

◯ レディースファッション

日本	衣料	7	9	11	13	15
アメリカ		4	6	8	10	12
日本	靴	22	23	24	25	-
アメリカ		5	6	7	8	-

◯ メンズファッション

日本	衣料	36	38	40	42	43
アメリカ		14	15	16	16 1/2	17
日本	靴	25	26	27	28	-
アメリカ		7	8	9	10	-

※上記サイズはあくまでも目安。メーカーによっても差があるので購入の際には試着等で確認を。

◯ アメリカの物価

ミネラルウォーター（500㎖）$1前後	マクドナルドのハンバーガー $2.50〜	スターバックス・コーヒーのブレンドコーヒー（S）$2.55〜	生ビール（ジョッキ）$5〜	タクシー初乗り $3〜

 プチ情報

渡航先から日本へ荷物を送る場合は別送品として申告する必要がある。荷物の外装や送り状には「別送品」と明記し、帰国時に別送品申告書を提出しよう。詳細は税関ホームページで。 URL www.customs.go.jp

● ルール＆マナー

［観光］

● 心強い味方！観光案内所
現地での情報収集は観光案内所で。パンフレットや地図、各種チケットなども販売。
■ニューヨーク市観光会議局
㊟151 W. 34th St.（メイシーズ内）　㊞10〜22時（土・日曜は〜19時）　㊡なし　㉄www.nyctourism.com　別冊MAP●P10B4

● フリーペーパーをゲット
イベントなどの最新情報はフリーペーパーで入手できる。『週刊NY生活』『デイリー・サン』『NYジャピオン』など日本語のものもある。上記観光案内所やホテル、日本語のものは日系の書店や飲食店などに置いてあるので、見かけたら入手しておこう。

● 写真NGの場所に注意
美術館や教会など、撮影そのものが禁止か、三脚やフラッシュの使用が禁止されている場合がある。撮影の際には注意が必要。

● 厳しいセキュリティ・チェック
主要観光地ではX線による手荷物検査が行われるのが一般的。入場時に時間がかかることを覚悟しよう。

● レディーファーストをお忘れなく
アメリカはレディーファーストの国。エレベーターや出入口では女性優先なので紳士的に振る舞おう。女性は譲ってもらったら「Thank you」のひと言を忘れずに。

● 教会でのマナー
教会は観光地である以前に信仰の場。帽子を取る、騒がない、ミサの時間帯には入場を控えるなどの配慮を。

［ホテル］

● チップを忘れずに
荷物を運んでもらったら1個につき$1〜5、ハウスキーピングには1日$1〜5、タクシーを呼んでもらったら$1程度が目安。

● 廊下は公共の場
パジャマや裸足で廊下を歩くのは慎もう。客室から1歩外に出たら公共の場所であることをわきまえたい。

［グルメ］

● チップは義務です
レストランではチップが必要。目安は総額の18〜25%程度で、伝票に記されたタックスの2倍と覚えておくといい。1杯ごとにカウンターで支払うバーでは1ドリンクにつき$1、セルフサービスのカフェやファストフードでは不要。

● 予約・ドレスコードを確認
高級レストランや人気店での食事は事前に予約しておくのが確実。電話で日時と人数、名前を告げるだけだが、言葉に自信がなければホテルのスタッフにお願いしてもいい。予約の際に服装についても確認しておこう。

［ショッピング］

● 入店時にはあいさつを
ショップに入店する際には「Hello」のあいさつを忘れずに。品物を手に取る際は、店員にひと声かけよう。

● セールスタックスは高め
ニューヨークのセールスタックスは市税、州税など合計で8.875%と高め。ただし食料品や$110未満の衣料、靴は免税。一時滞在の旅行者への払い戻しは行っていない。

［ナイトライフ］

● 夜の街歩きに注意
治安の改善により凶悪犯罪は減っているが、スリや置き引きなどは多発している。ブロードウェイやタイムズ・スクエア周辺など人が多く集まる場所は要注意。また、時間を問わず早朝や夜間など人の少ない時間帯の街歩きは控えたい。

● 観劇のマナー
ミュージカルなどの劇場内では飲食、撮影、録音は禁止。特にドレスコードは設けられていないのでカジュアルな服装でも構わないが、ドレスアップしたほうが優雅な気分で楽しむことができる。

● お酒は21歳から
ニューヨークでは21歳未満の飲酒は禁止。リカーショップやクラブ、バーなどでは、年齢を証明するIDの提示を求められるので、パスポートなどを携帯しておこう。また、道路や公園など公共の場所でも飲酒は禁止されているので注意。

プチ情報　物価の高いニューヨークでは食事代が意外なほどかさんでしまう。予算に不安があるならときどきデリを活用するなど、食事にメリハリをつけるといい。

⭕ トラブル対処法

病気やけが、盗難など、旅先でのトラブルはせっかくの旅行を台無しにしてしまう。未然に防ぐための対策を施すと同時に、トラブルが起きた際に慌てないよう、対処方法を確認しておきたい。

● 病気になったら

ためらわずに病院へ。救急車を呼ぶときは☎911（警察・消防も同じ番号）。ホテルならフロントに連絡をすれば、医師の手配をしてくれる。保険に加入している場合は、現地の日本語救急デスクへ連絡すると提携病院を紹介してくれる。また、普段から使い慣れた薬を持参しておくと安心。

● 盗難・紛失の場合

○パスポート
パスポートを紛失した場合は、まず警察に届けを出してポリスレポート（盗難・紛失届受理証明書）を発行してもらう。そして日本国総領事館にてパスポートの失効手続きを行い、新規発給または帰国のための渡航書を申請しなければならない。

○クレジットカード
カード発行会社へすぐに連絡をし、カードを無効にする。警察に届けを出して盗難・紛失届受理証明書を受け取った後、カード会社の指示に従って対処する。

● トラブル事例集

○路上パフォーマンスに見とれているうちに、バックパックから財布を抜き取られた。
→混雑した場所では荷物は体の前で持つ。貴重品が他人の目につかないようにすることも大切。

○カフェで足元に置いていた荷物を持ち去られた。
→荷物から目を離さないようにし、どこかに置く場合でもカバンの紐などを手や足に掛けておくなどの対策を。

○空港で白タクに案内され法外な値段を請求された。
→空港では、ツアーなどの出迎えを装い荷物のタグからツアー名や氏名を読み取り白タクに案内するという手口が横行。名前を呼ばれても安心せず、相手がツアー詳細を把握しているかなどを確認する。

○路上でぶつかった人がワインボトルを落とし、ワイン代を請求された。
→相手にせず毅然とした態度で立ち去る。しつこく弁償を要求するようなら近くの店や警察に助けを求める。同様の手口でサングラスを使ったものもあるので注意。

旅の便利帳

［ニューヨーク］

● 在ニューヨーク日本国総領事館
🏠 299 Park Ave.（bet. E.48 & 49 Sts.）18th Floor
☎ (212) 888-0889
🕐 9時30分～17時※緊急の場合は24時間
🈺 土・日曜、休館日
URL www.ny.us.emb-japan.go.jp
別冊MAP● P23D1
● 消防・救急車・警察　☎911
● カード会社緊急連絡先
・Visa　グローバル・カスタマー・アシスタンス・サービス
☎ 1-866-670-0955
・JCBカード
☎ 1-800-606-8871（トールフリー）
・アメリカン・エキスプレス
☎ 1-800-766-0106（グローバル・ホットライン）
・UCカード
☎ 011-800-80058005（ワールドフリーフォン）

［日本］

● 在日米国大使館
🏠 東京都港区赤坂1-10-5
☎ 03-3224-5000（代表）（ビザ申請サービス・コールセンター）
🕐 8～17時 🈺 土・日曜、日本・米国の休日
URL jp.usembassy.gov/ja/
● ニューヨーク市観光局
URL www.nyctourism.com
● 主要空港
・成田国際空港インフォメーション
☎ 0476-34-8000
URL www.narita-airport.jp
・東京国際空港インフォメーションセンター総合案内（羽田）
☎ 03-5757-8111（国際線）
URL tokyo-haneda.com/
・関西国際空港案内所（テレホンセンター）
☎ 072-455-2500
URL www.kansai-airport.or.jp

行く前にチェック！

外務省海外安全ホームページで、渡航先の治安状況、日本人被害の事例を確認することができる。
URL www.anzen.mofa.go.jp

 注意事項　ニューヨークは以前に比べるとずいぶん治安がよくなったとはいえ油断は禁物。万が一に備えて滞在先のホテルや日本領事館などの電話番号をメモしておくと安心。

観光

ショッピング

グルメ

ララチッタ
ニューヨーク
New York

2024年 3月15日	初版印刷
2024年 4月 1日	初版発行

編集人	安藤博子
発行人	盛崎宏行
発行所	JTBパブリッシング
	〒135-8165
	東京都江東区豊洲5-6-36
	豊洲プライムスクエア11階
企画・編集	情報メディア編集部
取材・執筆・撮影	K&Bパブリッシャーズ
	P.M.A.トライアングル（谷本裕英／
	熊谷臣司／髙橋香織／佐藤和紀／
	佐橋緑）／粟屋千春／巌真弓／
	日下智幸／伊藤由紀
アートディレクション	BEAM
本文デザイン	BEAM
	K&Bパブリッシャーズ
	ME&MIRACO（石田百合絵／
	塚田佳奈／塙美奈／南彩乃）
	brücke（牧村玲）
表紙デザイン	ローグ クリエイティブ
	（馬場貴裕／西浦隆大）
シリーズロゴ	ローグ クリエイティブ
	（馬場貴雄／西浦隆大）
編集・取材・写真協力	中村英雄／安部かすみ／
	水口あさ／石川さとる／松島正二／
	ランズ／蓮月心音／youkey／
	西田玲美奈／JTBトラベルネットワーク／
	アマナイメージズ／アフロ／ピクスタ／
	iStock／ニューヨーク市観光会議局
イラスト	落合恵
地図制作	ジェイ・マップ／データアトラス
	アルテコ／スタジオDoumo
地図制作協力	インクリメント・ピー／Tele Atlas NV
印刷所	TOPPAN

編集内容や、乱丁、落丁のお問合せはこちら
JTBパブリッシング お問合せ
https://jtbpublishing.co.jp/contact/service/

おでかけ情報満載
https://rurubu.jp/andmore/

※続刊予定あり

ここからはがせます♪

Lala Citta New York
Area Map

ニューヨーク
付録MAP

MAP記号の見方

Ｈ ホテル　Ⓜ 地下鉄駅　ℹ 観光案内所　🏛 日本大使館　✈ 空港　♀ バス停

🏦 銀行　🏤 郵便局　➕ 病院　❌ 警察　⛪ 教会　Ⓟ 駐車場

St. ＝Street　Ave. ＝Avenue　Ln. ＝Lane　Rd. ＝Road
Dr. ＝Drive　Hwy. ＝Highway　Pl. ＝Place　Sq. ＝Square

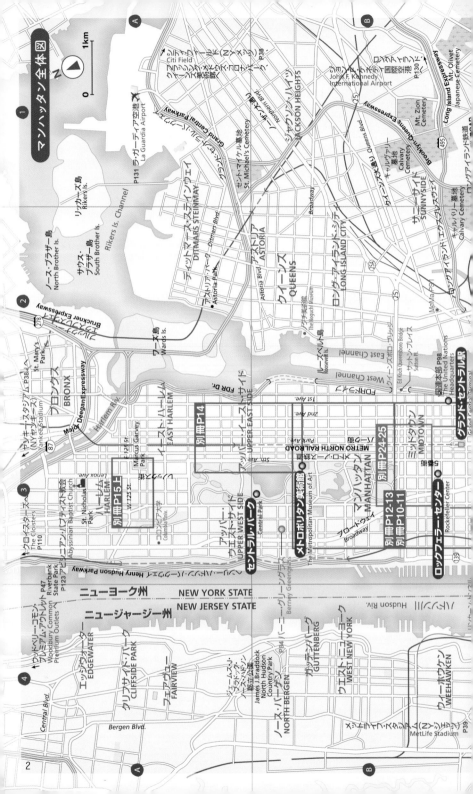

マンハッタン全体図

N
0 1km

シティ・フィールド(メッツ本拠地) ▶P38
Citi Field
クイーンズ美術館

ジョン・F・ケネディ国際空港 ▶P130
John F. Kennedy
International Airport

Long Island Expressway

Mt. Olivet
Japanese Cemetery

ラ・ガーディア空港 ✈
La Guardia Airport ▶P131

Grand Central Parkway

Mt. Zion
Cemetery

Northern Blvd.

ジャクソン・ハイツ
JACKSON HEIGHTS

Brooklyn-Queens Expressway

セント・マイケル墓地
St. Michael's Cemetery

Queens Blvd.

キャルヴァリー
墓地
Calvary
Cemetery

キャルヴァリー・セメテリー鉄道

ノース・ブラザー島
North Brother Is.

リッカーズ島
Rikers Is.

サウス・
ブラザー島
South Brother Is.

South Bros. Channel

ディットマース・スタインウェイ
DITMARS STEINWAY

Ditmars Blvd.

アストリア
ASTORIA

アストリア・パーク
Astoria Park

Astoria Blvd.

Broadway

クイーンズ
QUEENS

ロングアイランド・シティ
LONG ISLAND CITY

Queens Blvd.

25

サニーサイド
SUNNYSIDE

95

St. Mary's
Park

BRONX
ブロンクス

Bruckner Expressway
ブルックナー・エクスプレスウェイ 278

ヤンキー・スタジアム ▶P38
(NYヤンキース)
Yankee Stadium

Deegan Expressway
ディーガン・エクスプレスウェイ

87

Maj. □ W.125 St.

Harlem Rlv.

ワーズ島
Wards Is.

West Channel

ルーズベルト島
Roosevelt Is.

East Channel

エド・コッチ・クイーンズボロ・ブリッジ
Ed Koch Queensboro Bridge ▶P98

サットン・プレイス
Sutton Pl.

25

ノグチ美術館
The Noguchi Museum

クロイスターズ ▶P110
The Cloisters

セント・ニコラス
St. Nicholas
Park

コロンビア大学
Columbia Univ.

アビシニアン・バプティスト教会
Abyssinian Baptist Church

ハーレム
HARLEM

マーカス・ガーヴェイ
Marcus Garvey
Park

別冊P15上

イースト・ハーレム
EAST HARLEM

別冊P14

セントラル・パーク
Central Park

アッパー・
ウエスト・サイド
UPPER WEST SIDE

別冊P12-13

別冊P10-11

5th Ave.

マジソン・アヴェニュー
Madison Ave.

別冊P24-25

アッパー・
イースト・サイド
UPPER EAST SIDE

FDR DR.

1st Ave.

2nd Ave.

Park Ave.

国連本部 ▶P98
The United Nations
Headquarters

グランド・セントラル駅
FDRドライブ

メトロポリタン美術館
The Metropolitan Museum of Art

マンハッタン
MANHATTAN

メトロ・ノース・レイルロード
METRO NORTH RAILROAD

ミッドタウン
MIDTOWN

エンパイア・ステート・ビル ▶P96
5番街

ロックフェラー・センター
Rockefeller Center

ブロードウェイ
Broadway

セントラル・パーク

リヴァーバンク・ステート・パーク ▶P123
Riverbank State Park

Henry Hudson Parkway
ヘンリー・ハドソン・パークウェイ

ウッドベリー・コモン
プレミアム・アウトレット ▶P47
Woodbury Common
Premium Outlets

ニューヨーク州
NEW YORK STATE
ニュージャージー州
NEW JERSEY STATE

バーニー・グリーングラス
Barney Greengrass

Hudson Riv.
ハドソン川

Central Blvd.

エッジウォーター
EDGEWATER

クリフサイド・パーク
CLIFFSIDE PARK

フェアヴュー
FAIRVIEW

ジェームス・J・ブラドック
ノース・ハドソン
カントリー・パーク
James J. Braddock
North Hudson
Country Park

ノース・バーゲン
NORTH-BERGEN

Bergen Blvd.

ガッテンバーグ
GUTTENBERG ▶P94

ウエスト・ニューヨーク
WEST NEW YORK

ウィーホーケン
WEEHAWKEN

メットライフ・スタジアム ▶P39
MetLife Stadium

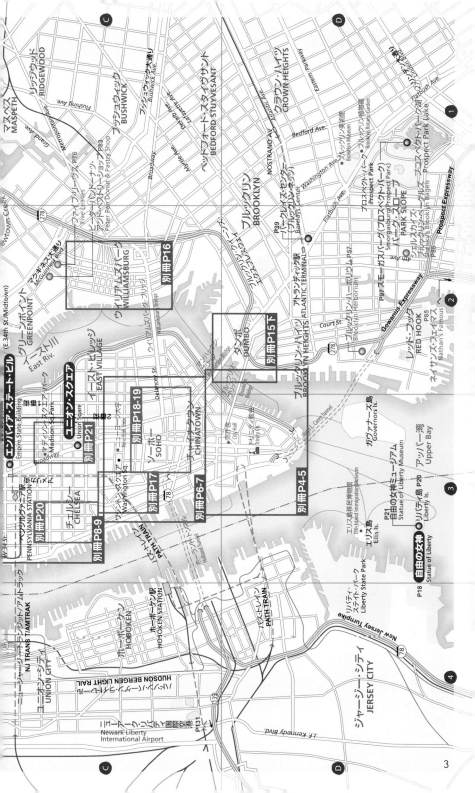

別冊P16
別冊P15下
別冊P18-19
別冊P21
別冊P17
別冊P6-7
別冊P4-5
別冊P20
別冊P8-9

マスペス
RIDGEWOOD
リッジウッド
Flushing Ave.
Grand Ave.
BUSHWICK
ブッシュウィック
Broadway
Bushwick Ave.
ブッシュウィック通り
BEDFORD-STUYVESANT
ベッドフォード=スタイヴサント

Town Ave.
M.Guinness Pub
マックギネス・パブ
GREENPOINT
グリーンポイント
ピーター・パン・ドーナツ＆ペストリー・ショップ P76
Peter Pan Donut & Pastry Shop P83
ファイブ・リーブス P76
Five Leaves

CROWN HEIGHTS
クラウン・ハイツ
NOSTRAND AV.
Bedford Ave.
Washington Ave.
Eastern Parkway
ブルックリン美術館
Brooklyn Museum
ブルックリン植物園
Brooklyn Botanic Garden
Prospect Park
プロスペクト・パーク
プロスペクト・パーク湖
Prospect Park Lake

エンパイア・ステート・ビル
Empire State Building
(E.34th St./Midtown)

WILLIAMSBURG
ウィリアムズバーグ
East Riv.
イースト・リヴァー
East River

BROOKLYN
ブルックリン
BarclaysCenter P39
バークレイズ・センター
（プロスペクト・パーク2）
スモーガスバーグ（プロスペクト・パーク2）P57
Smorgasburg (Prospect Park)
PARK SLOPE
パーク・スロープ
ジェムス・スカイス
Gem Spa
ブルーストーンレーン
Blue Stone Lane
Prospect Expressway
プロスペクト・エクスプレスウェイ

Williamsburg Bridge
ウィリアムズバーグ・ブリッジ

Delancey St.

EAST VILLAGE
イースト・ヴィレッジ
Manhattan Bridge
マンハッタン橋

ATLANTIC TERMINAL
アトランティック・ターミナル
アトランティック駅 P57
Atlantic Ave.

DUMBO
ダンボ
Court St.
BROOKLYN HEIGHTS
ブルックリン・ハイツ
ブルックリン・ハイツ
P85 ブルックリン・バイグルス
Lori & Lisa's Brooklyn Bagels
P97 スモーガスバーグ
Smorgasburg
ブルックリン・ヘルボリウム P87
Brooklyn Herborium
RED HOOK
レッド・フック
ネイサンズ・フェイマス
Nathan's Famous
P85

Empire State Building
UNION SQUARE
ユニオンスクエア
Madison Sq. Park
マディソン・スクエア・パーク
Madison Sq.
ユニオン・スクエア
Union Square
Broadway

CHELSEA
チェルシー
W.34 St.
PENNSYLVANIA STATION
ペンシルヴァニア駅
ペンステ

SOHO
ソーホー

CHINATOWN
チャイナタウン
City Hall
市庁舎
Trinity
トリニティ教会
Hugh L. Carey Tunnel
ヒュー・L・ケアリー・トンネル

278

Gowanus Expressway
ガワナス・エクスプレスウェイ

Washington Sq.
ワシントン・スクエア
Washington Square

Holland Tunnel
ホランド・トンネル

Governors Is.
ガヴァナーズ島
Upper Bay
アッパー・ベイ

自由の女神
Statue of Liberty

HOBOKEN
ホーボーケン
HOBOKEN STATION
ホーボーケン駅
PATH TRAIN
パス・トレイン
N.J.TRANSIT/AMTRAK
N.J.トランジット/アムトラック

UNION CITY
ユニオン・シティ
HUDSON BERGEN LIGHT RAIL
ハドソン・バーゲン・ライト・レール

PATH TRAIN
パス・トレイン

エリス島移民博物館
Ellis Island Immigration Museum
エリス島
Ellis Is.
自由の女神ミュージアム
Statue of Liberty Museum P20
リバティ島 P20
Liberty Is.
P21
自由の女神
Statue of Liberty

自由の女神
Statue of Liberty
P18

New Jersey Turnpike
ニュージャージー・ターンパイク
リバティ・ステイト・パーク
Liberty State Park

JERSEY CITY
ジャージー・シティ
78

Newark Liberty
International Airport
ニューアーク・リバティ国際空港
J.F.Kennedy Blvd.
P131
39

3

ロウアー・マンハッタン

Pier 25

トライベッカ
TRIBECA

Jay St.

Hudson St.

Thomas St.

1
2
3

A
C
E

Duane St.

Reade St.

W. Broadway

CHAMBERS ST

Ⓜ

Ⓐ

CHAMBERS ST

Chambers St.

Warren St.

Church St.

CITY HALL

PARK PL

Ⓜ

バッテリー・パークシティ
BATTERY PARK CITY

Murray St.

P22 ワン・ワールド・オブザーバトリー
One World Observatory

P23 ワン・ダイン
One Dine

Barclay St.

Ⓔ

P97

Vesey St.

スモーガスバーグ
（ワールド・トレード・センター）
Smorgasburg
(World Trade Center)

Ⓜ

WORLD TRADE
CENTER

ワン・ワールドトレード・センター
One World Trade Center

Vesey St.

Fulton St.

9/11メモリアル
9/11 Memorial

WTC
CORTLANDT

FULTON ST

Ⓜ

ブルックフィールド・プレイス
Brookfield Place

WTC
CORTLANDT ST

P46 センチュリー21
Century 21

バス・トレイン   PATH TRAIN

9/11メモリアル&ミュージアム
9/11 Memorial & Museum

P75 ハドソン・イーツ
Hudson Eats

ハ
ド
ソ
ン
川
Hudson Riv.

ロウアー・マンハッタン
LOWER MANHATTAN

リバティパーク

Washington St.

Greenwich St.

4
5

ニューヨーク・マリオット・ダウンタウン
New York Marriott Downtown Ⓗ

RECTOR ST Ⓜ

RECTOR
ST

WALL

Albany St.

ホリデイ・イン・マンハッタン・フィナンシャル・ディストリクト
Holiday Inn Manhattan-Financial District

ニューヨーク証券取引所
New York Stock Exc.

W. Thames St.

ファイナンシャル・
ディストリクト
FINANCIAL DISTRICT

3rd Pl.

P115 チャージング・ブル
Charging Bull

1

2nd Pl.

1st Pl.

BOWLING
GREEN

Ⓜ

ザ・ワーグナー・ホテル Ⓗ
The Wagner Hotel

Battery Pl.

State St.

バッテリー・パーク
Battery Park

P18 スタチュー・クルーズ
（自由の女神行きフェリー）乗り場
Statue Cruise

15

14

12-13

24-25
22-23   10-11

8-9
20   21

17
18   19

16

6-7

4-5   15

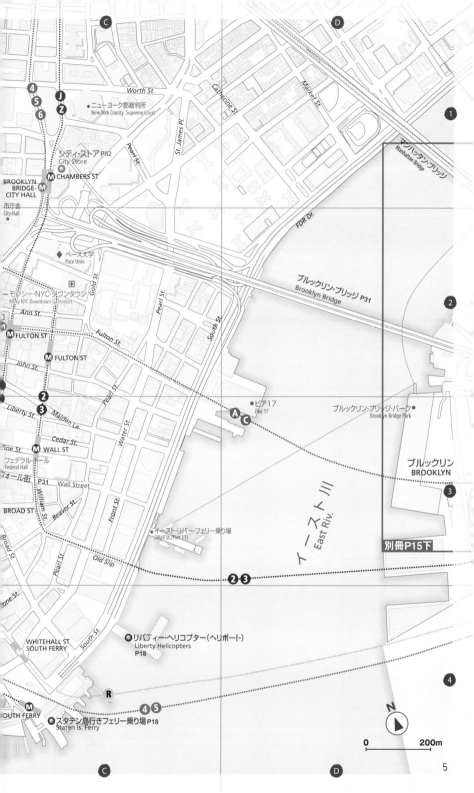

Worth St.

Market St.

Catherine St.

● ニューヨーク郡裁判所
New York County Supreme Court

④
⑤
⑥

J
Z

St. James Pl.

マンハッタン・ブリッジ
Manhattan Bridge

Pearl St.

● シティ・ストア P52
City Store

M CHAMBERS ST

BROOKLYN
BRIDGE-
CITY HALL

市庁舎
City Hall

FDR Dr.

● ペース大学
Pace Univ.

Gold St.

ブルックリン・ブリッジ P31
Brooklyn Bridge

ーモタクシー・NYC・ダウンタウン
Maxy NYC Downtown Gansvoort

Ann St.

Pearl St.

South St.

M FULTON ST

Fulton St.

M FULTON ST

John St.

②
③

Maiden La.

Water St.

Pearl St.

● ピア17
Pier 17

A
C

ブルックリン・ブリッジ・パーク ●
Brooklyn Bridge Park

Liberty St.

Cedar St.

ine St.

M WALL ST

フェデラル・ホール
Federal Hall

ォール街

William St.

Wall Street

P31

Front St.

ブルックリン
BROOKLYN

3

BROAD ST

Beaver St.

Pearl St.

Broad St.

Old Slip

● イースト・リバー・フェリー乗り場
(Wall St./Pier 11)

イ
ー
ス
ト
川
East Riv.

別冊P15下

②③

WHITEHALL ST
SOUTH FERRY

South St.

● リバティー・ヘリコプター（ヘリポート）
Liberty Helicopters
P18

R

④⑤

SOUTH FERRY

one St.

● ステン島行きフェリー乗り場 P18
Staten Is. Ferry

N

0　　　　　　200m

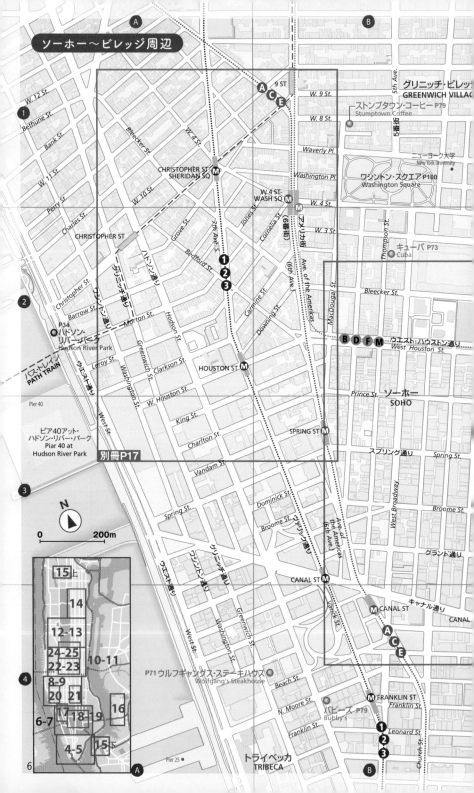

ソーホー～ビレッジ周辺

グリニッチ・ビレッジ
GREENWICH VILLAGE

ストンプタウン・コーヒー P79
Stumptown Coffee

ニューヨーク大学
New York University

ワシントン・スクエア P100
Washington Square

CHRISTOPHER ST
SHERIDAN SQ

W. 4 ST-
WASH SQ

キューバ P73
Cuba

ウエスト・ハウストン通り
West Houston St.

ハドソン・
リバーパーク P34
Hudson River Park

プリンス・ストリート
Prince St. ソーホー
SOHO

パス・トレイン
PATH TRAIN

HOUSTON ST

SPRING ST

別冊P17

スプリング通り
Spring St.

Pier 40

ピア40アット・
ハドソン・リバー・パーク
Piar 40 at
Hudson River Park

Broome St.

グランド通り

CANAL ST

N

キャナル通り
Canal

0   200m

CANAL ST

CANAL

15上

14

12-13

24-25
22-23

10-11

P71 ウルフギャングス・ステーキハウス
Wolfgang's Steakhouse

FRANKLIN ST

8-9

20 21

16

バビーズ P79
Bubby's

17 18-19

6-7

4-5

15下

Pier 25

トライベッカ
TRIBECA

チェルシー〜ユニオン・スクエア〜グラマシー周辺

30ハドソン・ヤーズ P29
30Hudson Yards

エッジ P24
The Edge

シティ・クライム P29
City Climb

P29 55ハドソン・ヤーズ
55 Hudson Yards

50ハドソン・ヤーズ
50Hudson Yards

34 ST-HUDSON YARDS

P29 35ハドソン・ヤーズ
35 Hudson Yards

ハドソン・ヤーズ
Hudson Yards

P28 Hudson Yards

ベッセル
Vessel
（閉鎖中）

P29 20ハドソン・ヤーズ
20 Hudson Yards

P29 15ハドソン・ヤーズ
15 Hudson Yards

P29 ザ・シェッド
The Shed

P29 10ハドソン・ヤーズ
10 Hudson Yards

P28 メルカド・リトル・スペイン
Mercado Little Spain

ピーク
Peak

セント・ミカエル教会
St-Michaels Church

W. 34 St.
34 ST-
PENN STATION

ザ・ニューヨーカー・ウィンダム
The New Yorker a Windham Hotel

W. 33 St.

AMTRAK
NJ TRANSIT

シチズンズ・
ニューヨーク P74
Citizens New York

P39 マディソン・スクエア・ガーデン
（NYニックス、NYレンジャーズ）
Madison Square Garden

GPO

モイニハン・トレイン・ホール

モイニハン・フード・ホール
Moynihan Food Hall

ペンシルヴァニア駅
（ペン・プラザ）
W. 31 St.

P75

ディランズ・キャンディーバー P28・81
Dylan's Candy Bar

ライラック・チョコレート P28
Li-Lac Chocolates

W. 30 St.

チェルシー・パーク
Chelsea Park

P119 マッキトリック・ホテル
The McKittrick Hotel

ホテル・アメリカーノ

W. 26 St.

ペース
Pace

ガゴシアン
Gagosian

ウエスト・チェルシー・アーティスツ・
オープン・スタジオ
West Chelsea Artists Open Studios

23 ST

別冊P20

チェルシー・
ウォーターサイド・パーク
Chelsea Waterside Park

Pier 64

Pier 63

Pier 62

チェルシー
CHELSEA

ハイライン P32
High Line

チェルシー
歴史保存地区
Chelsea Historical District

デイビッド・ツヴィルナー
David Zwirner

Pier 61

P101 ソカラット・パエリア・バー
Socarrat Paella Bar

チェルシー・ピア
Chelsea Pier

Pier 60

N

0   200m

15上

14

12-13

24-25
22-23

10-11

8-9

20 21

17 18-19

16

6-7

4-5

15下

Pier 57

リトル・
アイランド P34
Little
Island

P96 チェルシー・マーケット
Chelsea Market

14 ST

8 AV

ミート・パッキング・ディストリクト
Meat Packing District

P48 オッテ
OTTE

P122 ビレッジ・ヴァンガード
Village Vanguard

Gansevoort St.

Horatio St.

Jane St.

W. 12 St.

Bank St.

ジェーン

別冊P17

8

ズ・スクエアへ

グランド・セントラル駅へ

C
D

E. 36 St.

E. 35 St.

ハンプトン・イン・マンハッタン・35thストリート／
エンパイア・ステート・ビルディング
Hampton Inn Manhattan-35th St/Empire State Bldg

E. 34 St.

34 ST-
PENN STATION

34 ST-
HERALD SQ

P26

エンパイア・ステート・ビル
Empire State Building

33 ST

E. 33 St.

1

33 ST

ウルフギャングス・ステーキハウス
Wolfgang's Steakhouse

ロングアイランド鉄道
LONG ISLAND RAIL ROAD

W. 32St.

E. 32 St.

コートヤード・バイ・マリオット（ニューヨーク・マンハッタン／チェルシー）
Courtyard by Marriott(New York Manhattan/Chelsea)

E. 31 St.

P73

E. 30 St.

コリアンタウン
KOREAN TOWN

キンプトン・ホテル・
エヴェンティ

シー・NYC・チェルシー
Moxy NYC Chelsea

W. 29 St.

エース・ホテル
Ace Hotel

E. 29 St.

5th Ave.

8 ST

28 ST

W. 28 St.

28 ST

E. 28 St.

ネッド・ノマド
The Ned NoMad

リッツウォーリ・ブックストア

W. 27 St.

マディソン街

E. 27 St.

4

230フィフス P69
230 Fifth

B

W. 26 St.

5

6

別冊P21

E. 26 St.

2

D

F

M

N
Q
R
W

マディソン・スクエア・
パーク
Madison Sq. Park

Park Ave. South

Lexington Ave.

E. 25 St.

ヒルトン・ニューヨーク・
ファッション・
ディストリクト
Hilton New York Fashion District

W. 25 St.

W. 24 St.

E. 24 St.

Madison Ave.

3 ST

W. 23 St.

23 ST

23 ST

23 ST

23 ST

E. 23 St.

フラットアイアン・ビル
Flatiron Building

W. 22 St.

グラマシー
GRAMERCY

E. 22 St.

W. 21 St.

E. 21 St.

Broadway

W. 20 St.

E. 20 St.

3

E. 19 St.

W. 19 St.

マーシャルズ
Marshalls
P47

ドウ P83
Dough

Irving Pl.

E. 18 St.

W. 18 St.

ハウジング・
ワークス P49
Housing Works

W. 17 St.

E. 17 St.

Ave. of the Americas

8 ST

(6th Ave.)

W. 16 St.

P100

E. 16 St.

ユニオン・スクエア
Union Square

W. 15 St.

E. 15 St.

14 ST

14 ST

14 ST-UNION SQ

L

14 ST

E. 14 St.

6 AV

W. 14 St.

3 AV

4 ST

ストランド・ブックストア P100
Strand Bookstore

W. 13 St.

E. 13 St.

N
Q
R
W

E. 12 St.

W. 12 St.

4

5番街

University Pl.

4th Ave.

3rd Ave.

W. 11 St.

E. 11 St.

A
C
E

9 ST

W. 10 St.

Broadway

E. 10 St.

グリニッチ・ビレッジ
GREENWICH VILLAGE

5th Ave.

C

W. 9 St.

D

E. 9 St.

9

ミッドタウン周辺

N

0　　200m

W. 60 St.
W. 59 St.　P92 タイム・ワーナー・センター
Time Warner Center
59 ST-
COLUMBUS CIRCLE
W. 58 St.
W. 57 St.　　　57 ST
7AV
W. 56 St.
P73 カシュカヴァル・ガーデン
Kashkaval Garden
W. 55 St.
W. 54 St.
W. 53 St.　　7 AV
P86 ミートボール・ショップ
The Meatball Shop
W. 52 St.
W. 51 St.
別冊P24-25
47-50 ST
ROCKEFELLER CT
W. 50 St.　50 ST　　50 ST
W. 49 St.　49 ST
スカイライン・ホテル
The Skyline Hotel
W. 48 St.
ヘルズ・キッチン
Hell's Kitchen P73
ホリデイ・イン・エクスプレス・
マンハッタン・ミッドタウン・
ウエスト
Holiday Inn Express
Manhattan Midtown West
W. 47 St.
W. 46 St.
W. 45 St.　P65 5ナプキン・バーガー
5 Napkin Burger
W. 44 St.
W. 43 St.
タイムズ・スクエア
Times Square　　P35
W. 42 St.
42 ST-
PORT AUTHORITY
BUS TERMINAL
TIMES SQ-
42 ST
42 ST-BRYANT P
W. 41 St.
ダブル・ツリー・バイ・ヒルトン・ホテル・
ニューヨーク・タイムズ・スクエア・ウエスト
Double Tree by Hilton Hotel New York Times Square West
W. 40 St.
W. 39 St.
コートヤード・バイ・マリオット
(ニューヨーク・マンハッタン/
タイムズ・スクエア・ウエスト)
Courtyard by Marriott New York Manhattan/
Times Square West
W. 38 St.
別冊P22-23
W. 37 St.
クラウン・プラザ・Y36・
ミッドタウン・マンハッタン
Crowne Plaza Midtown Manhattan
W. 36 St.
P140
ニューヨーク市観光局
W. 35 St.
34 ST-
PENN STATION
34 ST-
PENN STATION
P55
メイシーズ
Macy's
ユニオン・スクエアへ

AMTRAK
11th Ave.
10th Ave.
9th Ave.
8番街
9番街
10番街
11番街
8th Ave.
7th Ave.
7番街
ブロードウェイ
Broadway

15
14
12-13
24-25
27-23
10-11
8-9
20　21
17　18　9　16
6-7
4-5　15

10

C

D

E. 61 St.

E. 60 St.

TJマックス
T.J. MAXX

N R W

ルーズベルト・アイランド
トラムウェイ
Roosevelt Island Tramway

5 AV/59 ST

LEXINGTON AV/
59 ST

E. 59 St.

1

5 Ave.

マディソン街

Park Ave.

Lexington Ave.

3 Ave.

E. 58 St.

E. 57 St.

2 Ave.

1 Ave.

METRO NORTH RAILROAD

メトロノース鉄道

レキシントン街

E. 56 St.

P.J.クラークス P64
P.J. Clarke's

5番街

E. 55 St.

ミッドタウン・ノース
Midtown North

ニューヨーク近代美術館 P112
The Museum of Modern Art(MoMA)

E. 54 St.

ウルフギャングス・ステーキハウス
Wolfgang's Steakhouse

E. 53 St.

M

M

5 AV/53 ST

M

LEXINGTON AV/53 ST

E. 52 St.

P30
セント・パトリック大聖堂
St.Patrick's Cathedral

51 ST

ベンダートラックのため
場所変更の場合あり

E. 51 St.

P88
アンクル・グッシー
Uncle Gussy's

エッサ・ベーグル P84
Ess-a-Bagel

2番街

ロックフェラー・センター P31
Rockefeller Center

E. 50 St.

E. 49 St.

P99
レミ・フラワー&
コーヒー
Remi Flower & Coffee

E. 48 St.

E. 47 St.

4

5

6

E. 46 St.

E. 45 St.

3

グランド・セントラル駅
Grand Central Terminal
P31

E. 44 St.

E. 43 St.

M

5 Ave.

E. 42 St.

5

M

5 AV

7

M

GRAND
CENTRAL-42 ST

JFK空港・
ラガーディア空港行きバス停

チューダー・シティ
Tudor City

ニューヨーク
公共図書館本館

E. 41 St.

E. 40 St.

3 Ave.

E. 39 St.

ミッドタウン・サウス
MIDTOWN SOUTH

E. 38 St.

E. 37 St.

4

5 Ave.

Madison Ave.

Park Ave.

4

5

6

E. 36 St.

1 Ave.

キーンズ・ステーキハウス P70
Keens Steakhouse

チョ・ダン・ゴル P99
Cho Dang Gol

Lexington Ave.

E. 35 St.

2 Ave.

3 Ave.

セント・バータン・パーク
St. Vartan Park

C

D

セントラル・パーク周辺

0 200m

① UPPER WEST SIDE
アッパー・ウエスト・サイド

West End Ave.
ウエスト・エンド街

Ⓜ 79 ST

W. 84 St.
W. 83 St.
W. 82 St.
W. 81 St.
W. 80 St.
W. 79 St.

Central Park West
セントラル・パーク・ウエスト

P77 グッド・イナフ・トゥ・イート
Good Enough to Eat

ゼイバーズ P60
Zabar's

サラベス P76
Sarabeth's

81 ST-MUSEUM OF
NATURAL HISTORY

P114 アメリカ自然史博物館
American Museum of Natural History

テラコード劇場
Delacorte Theatre

Ⓑ

タートル・ポンド
Turtle Pond

P91 ベルヴェデーレ城
Belvedere Castle

② Amsterdam Ave.
アムステルダム街

Broadway
ブロードウェイ

Columbus Ave.
コロンバス街

W. 78 St.
W. 77 St.
W. 76 St.
W. 75 St.
W. 74 St.
W. 73 St.
W. 72 St. 72 ST

① ② ③

P92 ニューヨーク歴史協会
New York Historical Society

Ⓐ
Ⓒ

リヴェイン・ベーカリー P93
Levain Bakery

アリスズ・ティー・カップ
Alice's Tea Cup

P92 ダコタ・アパート
Dakota Apartment

Ⓜ 72 ST
72 ST

ザ・レイク P91
The Lake

P91 ベセスダの噴水
Bethesda Fountain

P91 ストロベリー・フィールズ P91
Strawberry Fields

グレイス・パパイヤ P85
Gray's Papaya

マグノリア・ベーカリー
Magnolia Bakery

W. 71 St.
W. 70 St.
W. 69 St.
W. 68 St.
W. 67 St.
W. 66 St.
W. 65 St.

Ⓑ
Ⓓ

セントラル・パーク P90
Central Park

③

シープ・メドウ P91
Sheep Meadow

P91
観光案内所
Dairy Visitor Center & Gift Shop

P91 カルーセル
Carousel

アリス・タリー・ホール
Alice Tully Hall

Ⓜ 66 ST-
LINCOLN
CENTER

P121 デイヴィット・ゲフェン・ホール
David Geffen Hall

バー・ブールー
Bar Boulud

別冊P24-25

ブールー・スッド P68
Boulud Sud

P121 メトロポリタン・
オペラ・ハウス
Metropolitan Opera House

リンカーン・センター
Lincoln Center

P120

P121 デイビット・H・コーク劇場
David H.Koch Theater

W. 64 St.
W. 63 St.
W. 62 St.

Ⓠ

エンパイア ホテル
P93 Empire Hotel

④

フォーダム大学
Fordham University

W. 61 St.
W. 60 St.

P92 タイム・ワーナー・センター
Time Warner Center

W. 59 St.

Ⓐ

59 ST
COLUMBUS CIRCLE

Ⓜ

Ⓑ

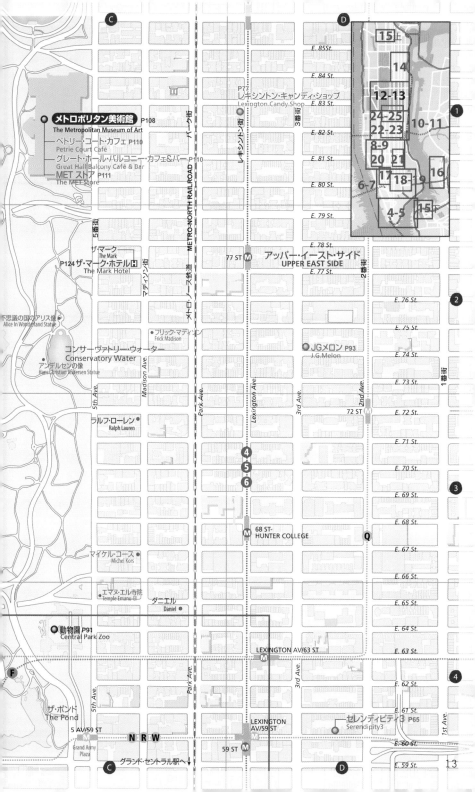

メトロポリタン美術館 P108
The Metropolitan Museum of Art

ペトリー・コート・カフェ P110
Petrie Court Café

グレート・ホール・バルコニー・カフェ&バー P110
Great Hall Balcony Café & Bar

MET ストア P111
The MET Store

P77
レキシントン・キャンディ・ショップ
Lexington Candy Shop

ザ・マーク
The Mark

P124 ザ・マーク・ホテル
The Mark Hotel

下思議の国のアリス像
Alice In Wonderland Statue

コンサーヴァトリー・ウォーター
Conservatory Water

アンデルセンの像
Hans Christian Andersen Statue

フリック・マディソン
Frick Madison

JGメロン P93
J.G. Melon

ラルフ・ローレン
Ralph Lauren

マイケル・コース
Michel Kors

エマヌ・エル寺院
Temple Emanu-El

ダニエル
Daniel

動物園 P91
Central Park Zoo

ザ・ポンド
The Pond

セレンディピティ3 P65
Serendipity3

アッパー・イースト・サイド
UPPER EAST SIDE

パーク街
METRO-NORTH RAILROAD
メトロノース鉄道

5番街
5th Ave.

マディソン街
Madison Ave.

レキシントン街
Lexington Ave.

3番街
3rd Ave.

2番街
2nd Ave.

1番街
1st Ave.

Park Ave.

E. 85 St.
E. 84 St.
E. 83 St.
E. 82 St.
E. 81 St.
E. 80 St.
E. 79 St.
E. 78 St.
E. 77 St.
E. 76 St.
E. 75 St.
E. 74 St.
E. 73 St.
E. 72 St.
E. 71 St.
E. 70 St.
E. 69 St.
E. 68 St.
E. 67 St.
E. 66 St.
E. 65 St.
E. 64 St.
E. 63 St.
E. 62 St.
E. 61 St.
E. 60 St.
E. 59 St.

77 ST
72 ST
68 ST-
HUNTER COLLEGE
LEXINGTON AV/63 ST
LEXINGTON AV/59 ST
59 ST
5 AV/59 ST

Grand Army Plaza

グランド・セントラル駅へ↓

N R W
Q
F

15上
14
12-13
24-25
10-11
22-23
8-9
20 21
17 18 9 16
6-7
4-5
15下

4
5
6

C
D
1
2
3
4

13

ハーレム池
Harlem Meer

E. 108 St.

N

E. 107 St.

0   200m

METRO-NORTH RAILROAD

E. 106 St.

15上

14

12-13

コンサーヴァトリー・ガーデン
Conservatory Garden

E. 105 St.

24-25

22-23

10-11

エル・ムセオ・デル・バリオ
El Museo del Barrio

E. 104 St.

8-9

P115
ニューヨーク市立博物館
The Museum of the City
of New York

103 ST
E. 103 St.

20   21

17

6-7

18 19

16

E. 102 St.

4-5

15下

ミュージアム・マイル P92
Museum Mile

5番街のE. 82 St.からE.105 St.
あたりまでミュージアム・マイルとよぶ

E. 100 St.

マウント・サイナイ病院
Mt. Sinai Hospital

E. 99 St.

E. 98 St.

セント・ニコラス・ロシア正教会
St. Nicholas Russian Orthodox Cathedral

メトロポリタン病院
Metropolitan Hospital

E. 97 St.

96 ST

96 ST

E. 96 St.

セントラル・パーク P90
Central Park

E. 95 St.

E. 94 St.

ジャクリーン・ケネディ・
オナシス貯水池
Jacqueline Kennedy
Onassis Reservoir

マディソン街

メトロノース鉄道

レキシントン街

3rd Ave.

キッチン・アーツ&レターズ
Kitchen Arts & Letters

E. 93 St.

ユダヤ博物館 P92
The Jewish Museum

E. 92 St.

E. 91 St.

クーパー・ヒューイット国立デザイン美術館 P115
Cooper-Hewitt, National Design Museum

E. 90 St.

E. 89 St.

グッゲンハイム美術館 P114
Solomon R.Guggenheims Museum

Park Ave.

パーク街

E. 88 St.

ライト
The Wright

3番街

2番街

ホーリー・トリニティ教会
Church of the Holy Trinity

E. 87 St.

1番街

Madison Ave.

E. 86 St.

86 ST

Lexington Ave.

86 ST

ノイエ・ギャラリー P115
Neue Galerie
カフェ・サバスキー P93
Café Sabarsky

4

5

6

E. 85 St.

Q

E. 84 St.

メトロポリタン美術館 P108
The Metropolitan Museum of Art

E. 83 St.

E. 82 St.

5番街

2nd Ave.

1st Ave.

14

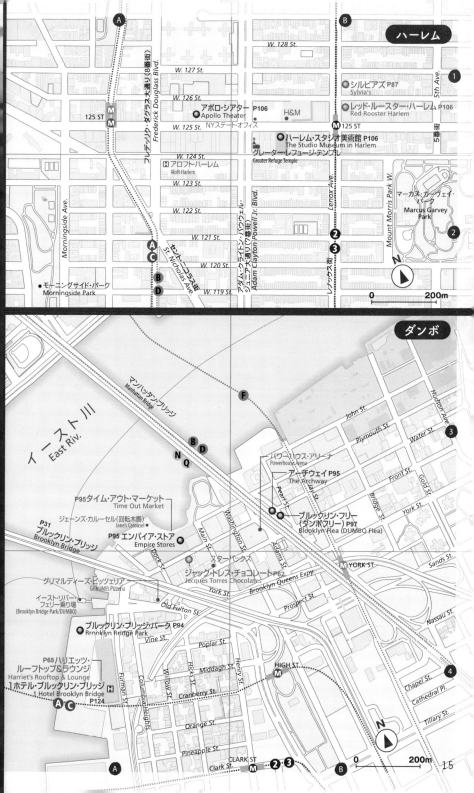

W. 128 St.

W. 127 St.

W. 126 St.

125 ST

アポロ・シアター
Apollo Theater P106

H&M

NYステート・オフィス

● シルビアズ P87
Sylvia's

● レッド・ルースター・ハーレム P106
Red Rooster Harlem

M 125 ST

ハーレム・スタジオ美術館 P106
The Studio Museum in Harlem
グレーター・レフュージ・テンプル
Greater Refuge Temple

W. 124 St.

W. 123 St.

H アロフト・ハーレム
Aloft Harlem

W. 122 St.

W. 121 St.

W. 120 St.

W. 119 St.

モーニングサイド・パーク
Morningside Park

マーカス・ガーヴェイ・パーク
Marcus Garvey Park

5番街 / 5th Ave.

Mount Morris Park W.

Lenox Ave.

フレデリック・ダグラス大通り（8番街）
Frederick Douglass Blvd.

セント・ニコラス街
St. Nicholas Ave.

アダム・クレイトン・パウエル・ジュニア・ジュニア大通り（7番街）
Adam Clayton Powell Jr. Blvd.

レノックス街

A B C D

0   200m

イースト川
East Riv.

マンハッタン・ブリッジ
Manhattan Bridge

B D

N Q

F

John St.

Plymouth St.

Water St.

Front St.

York St.

Gold St.

Hudson Ave.

パワーハウス・アリーナ
Powerhouse Arena

アーチウェイ P95
The Archway

ブルックリン・フリー
（ダンボ・フリー）P97
Brooklyn Flea (DUMBO Flea)

P95 タイム・アウト・マーケット
Time Out Market

ジェーンズ・カルーセル（回転木馬）
Jane's Carousel

P31
ブルックリン・ブリッジ
Brooklyn Bridge

P95 エンパイア・ストア
Empire Stores

スターバックス

ジャック・トレス・チョコレート P62
Jacques Torres Chocolates

M YORK ST

グリマルディーズ・ピッツェリア
Grimaldi's Pizzeria

イースト・リバー・
フェリー乗り場
(Brooklyn Bridge Park/DUMBO)

Old Fulton St.

York St.

Brooklyn Queens Expy.

Prospect St.

Sands St.

Nassau St.

ブルックリン・ブリッジ・パーク P94
Brooklyn Bridge Park

Vine St.

Poplar St.

P68 ハリエッツ・
ルーフトップ＆ラウンジ
Harriet's Rooftop & Lounge

ホテル・ブルックリン・ブリッジ
Hotel Brooklyn Bridge
P124

A C

H

Middagh St.

HIGH ST.
M

Hicks St.

Henry St.

Willow St.

Columbia Heights

Furman St.

Cranberry St.

Orange St.

Pineapple St.

CLARK ST.
Clark St.
M 2 3

A

B

Chapel St.

Cathedral Pl.

Tillary St.

Washington St.

Main St.

Pearl St.

Adams St.

Dock St.

Bridge St.

0   200m

15

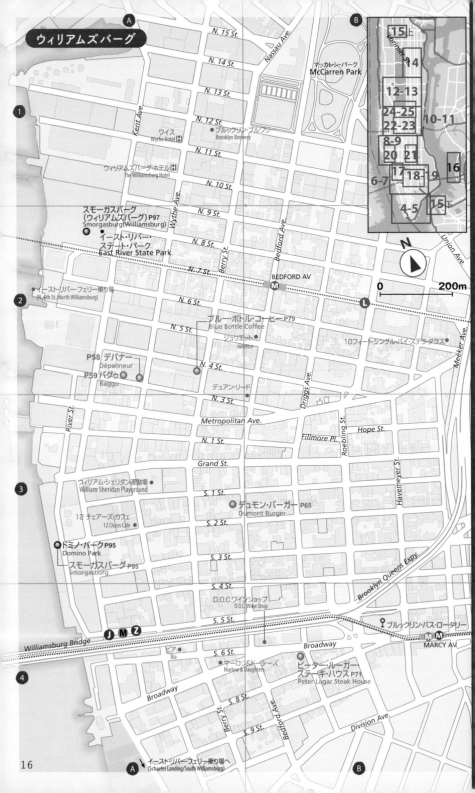

ウィリアムズバーグ

N. 15 St.

Nassau Ave.

N. 14 St.

マッカレン・パーク
McCarren Park

N. 13 St.

Lorimer St.

10-11

Union Ave.

Meeker Ave.

N. 12 St.

ワイス
Wythe Hotel H

ブルックリン・ブルワリー
Brooklyn Brewery

N. 11 St.

ウィリアムズバーグ・ホテル H
The Williamsburg Hotel

Kent Ave.

N. 10 St.

Wythe Ave.

Bedford Ave.

N. 9 St.

スモーガスバーグ
(ウィリアムズバーグ) P97
Smorgasburg(Williamsburg)

N. 8 St.

イースト・リバー・
ステート・パーク
East River State Park

Berry St.

N. 7 St.

BEDFORD AV
Ⓜ

2 イースト・リバー・フェリー乗り場
(N. 6th St./North Williamsburg)

N. 6 St.

Ⓛ

N. 5 St.

ブルー・ボトル・コーヒー P79
Blue Bottle Coffee

Driggs Ave.

ジュリエット
Juliette

10フィート・シングル・バイ・ステラダラス

P58 デパナー
Dépanneur

N. 4 St.

P59 バグゥ
Baggu

デュアン・リード

N. 3 St.

Metropolitan Ave.

N. 1 St.

Fillmore Pl.

Hope St.

Roebling St.

River St.

Grand St.

3 ウィリアム・シェリダン運動場
William Sheridan Playground

S. 1 St.

デュモン・バーガー P65
Dumont Burger

12 チェアーズ・カフェ
12 Chairs Cafe

S. 2 St.

Havemeyer St.

ドミノ・パーク P95
Domino Park

S. 3 St.

スモーガスバーグ P95
Smorgasburg

S. 4 St.

D.O.C. ワインショップ
D.O.C. Wine Shop

Brooklyn Queens Expy.

S. 5 St.

Ⓙ Ⓜ Ⓩ

ブルックリン・バス・ロータリー

Williamsburg Bridge

Broadway

Ⓜ Ⓜ
MARCY AV

4 ビア
Bia

S. 6 St.

マーロウ&ドーターズ
Marlow & Daughters

ピーター・ルーガー・
ステーキ・ハウス P71
Peter Luger Steak House

Broadway

Berry St.

S. 8 St.

Bedford Ave.

9 St.

Division Ave.

Ⓐ イースト・リバー・フェリー乗り場へ
(Schaefer Landing/South Williamsburg)

0   200m

N

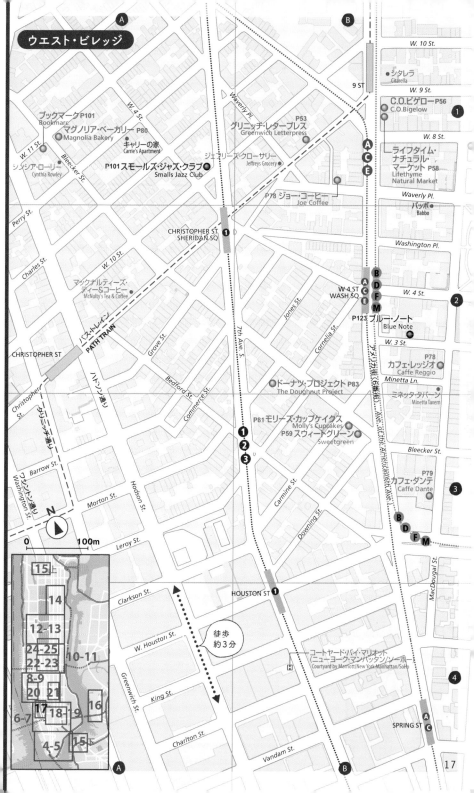

ウエスト・ビレッジ

W. 10 St.

9 ST

シタレラ
Citarella

W. 9 St.

C.O.ビゲロー P56
C.O.Bigelow

ブックマーク P101
Bookmare

W. 8 St.

マグノリア・ベーカリー P80
Magnolia Bakery

ライフタイム・
ナチュラル・
マーケット P58
Lifethyme
Natural Market

グリニッチ・レターブレス P53
Greenwich Letterpress

キャリーの家
Carrie's Apartment

シンシア・ローリー
Cynthia Rowley

P101 スモールズ・ジャズ・クラブ
Smalls Jazz Club

ジェフリーズ・クローサリー
Jeffreys Grocery

Waverly Pl.

バッボ
Babbo

P78 ジョー・コービー
Joe Coffee

Washington Pl.

CHRISTOPHER ST
SHERIDAN SQ

W. 4 St.

マックナルティーズ・
ティー&コーヒー
McNulty's Tea & Coffee

W. 4 ST
WASH.SQ

P123 ブルー・ノート
Blue Note

パス・トレイン
PATH TRAIN

W. 3 St.

CHRISTOPHER ST

P78
カフェ・レッジオ
Caffe Reggio

Minetta Ln.

ミネッタ・タバーン
Minetta Tavern

ドーナツ・プロジェクト P83
The Doughnut Project

P81 モリーズ・カップケイクス
Molly's Cupcakes

P59 スウィートグリーン
Sweetgreen

Bleecker St.

P79
カフェ・ダンテ
Caffe Dante

Barrow St.

Morton St.

Leroy St.

0   100m

HOUSTON ST

徒歩
約3分

Clarkson St.

W. Houston St.

コートヤード・バイ・マリオット
(ニューヨーク・マンハッタン/ソーホー)
Courtyard by Marriott(New York Manhattan/SoHo)

King St.

SPRING ST

Charlton St.

Vandam St.

17

スイーツ・バイ・クロエ
フィオレ・ピザ
マーサー運動公園
Mercer Playground
ベアバーガー P65
Bareburger
スターバックス

Bond St.

ブリーカー通り
Bleecker St.
スウォッチ
BLEECKER ST
Bleecker St.
6

Tomio21 Sushi
ニューヨーク大学
New York Univ.
アーバン
アウトフィッターズ
Mott St.
Mulberry St.

1

アートゥローズ
マダムX
コクリコ
W. Houston St.
ウエスト・ハウストン通り
East Houston St
イースト・ハウストン通

セント・アンソニー教会
St. Anthony Church
スターバックス
BROADWAY
B D F M
LAFAYETTE ST

リップ・ラボ ソーホー P57
Lip Lab SoHo
フロス
ヴェルサーニ
セント・パトリックス教会
St. Patrick's Church

チョバーニ
Chobani
マーサー
イッセイ・ミヤケ
トリー・バーチ P44
Tory Burch

ブルー・リボン・スシ
ベンダートラックのため
場所変更の場合あり
P102 ティビ
Tibi
カンペール
ルイ・ヴィトン
フォーエバー21
Forever 21
PRINCE ST
R W
Prince St.
プリンス・ストリート

ソーホー
SOHO
ヴァン・リーウェン・アルチザン・アイスクリーム P88
Van Leeuwen Artisan Ice Cream
ラグ&ボーン P84
Rag & Bone
消防署

2

P102
ドミニク・アンセル・ベーカリー
Dominique Ansel Bakery
カナダグース
ティファニー
クロエ
ユニクロ
ライス・トゥ・リッチズ
ルビーズ

C E
SPRING ST
スプリング通り
SPRING ST
シャネル
アディダス
MoMA
デザインストア
MoMA Design Store
Spring St.
スターバックス
デュアン・リード
SPRING ST
6

メグ・コーヘン
サンライズ・マート
P102 バルサザール
Balthazar
ブルーミングデールズ・ソーホー
ザラ
P102 カフェ・セレクト
Café Select
Kenmare St

マリ・ベル P62
Marie Belle
P82 エイリーンズ・スペシャル・チーズケーキ
Eileen's Special Cheesecake

ケンズ・プルーム
ストリート・バー
ワット・ゴーズ・アラウンド
カムズ・アラウンド P49
What Goes Around
Comes Around
ケイト・スペード・ニューヨーク P85
Kate Spade New York

3

フェリックス
ブルーム通り

ソーホー・グランド
Grand St.
グランド通り
N Q R W

シービー2
CB2
J Z

P51
ローマン・アンド・ウィリアムズ・ギルド
Roman and Williams Guild
キャナル通り
Howard St.
ル・クウクウ

CANAL ST
N R Q W
CANAL ST
6
J Z
CANAL ST

Lispenard St.

4

スターバックス
スターバックス
Walker St.
A C E

Cortlandt Alley

18

15上
14
12-13
24-25
22-23
10-11
8-9
20 21
17
18 19
16
6-7
4-5
15下

A C E

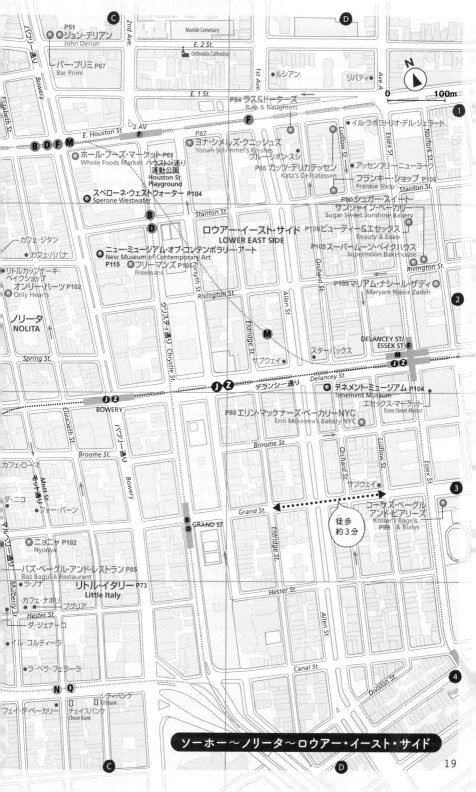

C
P51 ジョン・デリアン
John Derian

Marble Cemetery

D

E. 2 St.
Orthodox Cathedral

ルシアン

リバティ

N

100m

バー・プリミ P67
Bar Primi

1st Ave

Ave O

1

E. 1 St.

2nd Ave

Bowery

Elizabeth St.

P84 ラス&ドーターズ
Russ & Daughters

イル・ラボラトリオ・デル・ジェラート

B D F
M

E. Houston St. 2 AV
F

ホール・フーズ・マーケット P61
Whole Foods Market
運動公園
Houston St.
Playground

ハウストン通り

P87
ヨナ・シメルズ・クニッシュズ
Yonah Schimmel's Knishes

ブルー・リボン・スシ

P86 カッツ・デリカテッセン
Katz's Delicatessen

フランキー・ショップ P105
Frankie Shop

Ludlow St.

Essex St.

Norfork St.

アッセンブリーニューヨーク

F

スペローネ・ウェストウォーター P104
Sperone Westwater

Stanton St.

P80 シュガー・スイート・
サンシャイン・ベーカリー
Sugar Sweet Sunshine Bakery

Stanton St.

カフェ・ジタン

ロウアー・イースト・サイド
LOWER EAST SIDE

カフェ・ハバナ

ニュー・ミュージアム・オブ・コンテンポラリー・アート
New Museum of Contemporary Art
P115 フリーマンズ P105
Freemans

B
D

P105ビューティー&エセックス
Beauty & Essex

P105 スーパームーン・ベイクハウス
Supermoon Bakehouse

Rivington St.

リトルカップケーキ・
ベイクショップ
オンリー・ハーツ P102
Only Hearts

Forsyth St.

Chrystie St.

Rivington St.

Orchard St.

P105マリアム・ナシール・ザディ
Maryam Nassir Zadeh

2

ノリータ
NOLITA

Allen St.

Eldridge St.

M

スターバックス

サブウェイ

DELANCEY ST/
ESSEX ST F

M
J Z

Spring St.

J Z

Delancey St.

BOWERY

デランシー通り

テネメント・ミュージアム P104
Tenement Museum
エセックス・マーケット
Essex Street Market

P80 エリン・マッケナーズ・ベーカリーNYC
Erin McKenna's Bakery NYC

カフェ・ローマ

Elizabeth St.

Mott St.

ハウストン通り

Broome St.

Bowery

Broome St.

Orchard St.

Ludlow St.

Essex St.

ダ・ニコ

フォー・バーン

3

D
B

GRAND ST

サブウェイ

徒歩
約3分

コーサーズ・ベーグル
アンド・ビアリーズ サディ
Kossar's Bagels
P99 & Bialys

Mulberry St.

ニョニャ P102
Nyonya

Grand St.

Eldridge St.

Allen St.

バズ・ベーグル・アンド・レストラン P85
Baz Bagul & Restaurant
ラ・ノナ
リトル・イタリー P73
Little Italy
カフェ・ナポリ
プグリア
ダ・ジェナーロ
Hester St.

Hester St.

イル・コルティーラ

ラ・ベラ・フェラーラ

Canal St.

N Q

シティバンク
Citibank
チェイスバンク
Chase Bank

4

Division St.

フェイ・ダ・ベーカリー

C

ソーホー〜ノリータ〜ロウアー・イースト・サイド

D

チェルシー～ミート・パッキング・ディストリクト

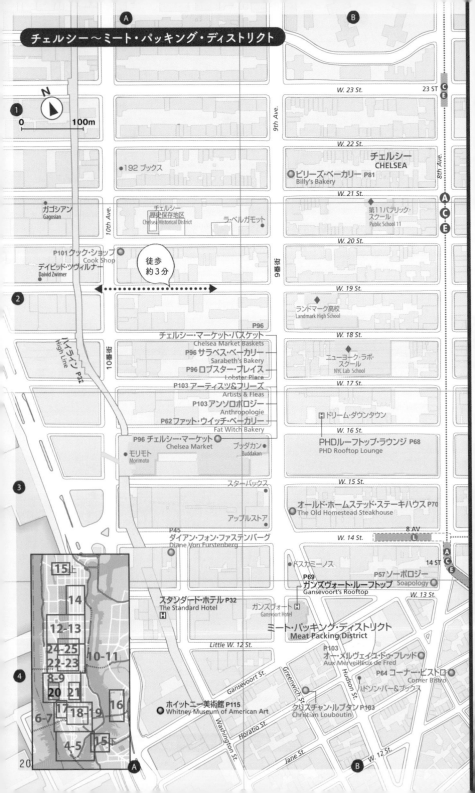

A

B

W. 23 St.

23 ST

C
E

8th Ave.

W. 22 St.

チェルシー
CHELSEA

●ビリーズ・ベーカリー P81
Billy's Bakery

● 192 ブックス

●ガゴシアン
Gagosian

チェルシー
歴史保存地区
Chelsea Historical District

9番街

W. 21 St.

A
C
E

第11パブリック・
スクール
Public School 11

ラ・ベルガモット
La Bergamot

1

0 ── 100m

N

W. 20 St.

P101クック・ショップ
Cook Shop

徒歩
約3分

デイビッド・ツヴィルナー
Daivid Zwirner

2

W. 19 St.

ランドマーク高校
Landmark High School

P96
チェルシー・マーケット・バスケット
Chelsea Market Baskets

W. 18 St.

P96 **サラベス・ベーカリー**
Sarabeth's Bakery

ニューヨーク・ラボ・
スクール
NYL Lab School

P96 **ロブスター・プレイス**
Lobster Place

10番街

ハイライン P32
High Line

W. 17 St.

P103 **アーティスツ&フリーズ**
Artists & Fleas

P103 **アンソロポロジー**
Anthropologie

ドリーム・ダウンタウン

W. 16 St.

P62 **ファット・ウィッチ・ベーカリー**
Fat Witch Bakery

PHDルーフトップ・ラウンジ P68
PHD Rooftop Lounge

P96 **チェルシー・マーケット**
Chelsea Market

● モリモト
Morimoto

ブッダカン
Buddakan

W. 15 St.

3

スターバックス

オールド・ホームステッド・ステーキハウス P70
The Old Homestead Steakhouse

アップルストア

8 AV

P45
ダイアン・フォン・ファステンバーグ
Diane Von Furstenberg

W. 14 St.

L

14 ST

A
C
E

●ドスカミーノス

P57ソーポロジー
Soapology

P69
ガンズヴォート・ルーフトップ
Gansevoort's Rooftop

W. 13 St.

4

スタンダード・ホテル P32
The Standard Hotel

ガンズヴォート
Gansevoort Hotel

ミート・パッキング・ディストリクト
Meat Packing District

Little W. 12 St.

P103
オー・メルヴェイユ・ドゥ・フレッド
Aux Merveilleux de Fred

P64 コーナー・ビストロ
Corner Bistro

Gansevoort St.

ハドソン・バー&ブックス
Hudson Bar & Books

ホイットニー美術館 P115
Whitney Museum of American Art

クリスチャン・ルブタン P103
Christian Louboutin

Washington St.

Greenwich St.

Hudson St.

Horatio St.

Jane St.

W. 12 St.

A

B

インセット図の番号:
15上
14
12-13
24-25
22-23
8-9
20 21
17 18
6-7
10-11
16
9
4-5
15下

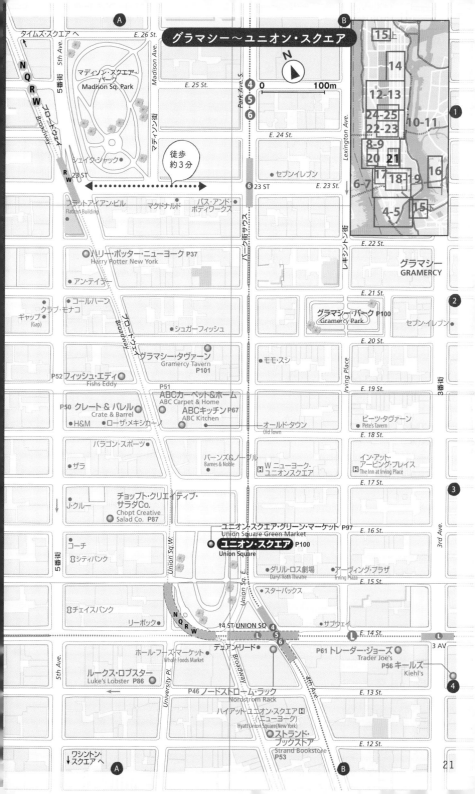

タイムズ・スクエア へ

E. 26 St.

N
Q
R
W

5th Ave.
5番街

Broadway
ブロードウェイ

マディソン街
Madison Ave.

マディソン・スクエア・パーク
Madison Sq. Park

E. 25 St.

シェイク・シャック

28 ST
R W

E. 24 St.

徒歩
約3分

Park Ave. S.
パーク街S.

N

0   100m

4
5
6

セブンイレブン

6 23 ST

23 ST

E. 23 St.

フラットアイアン・ビル
Flatiron Building

マクドナルド

バス・アンド・
ボディワークス

パーク街サウス

Lexington Ave.
レキシントン街

E. 22 St.

グラマシー
GRAMERCY

ハリー・ポッター・ニューヨーク P37
Harry Potter New York

アン・テイラー

E. 21 St.

クラブ・モナコ
ギャップ
(Gap)

コールハーン

シュガーフィッシュ

グラマシー・パーク P100
Gramercy Park

セブン・イレブン

E. 20 St.

グラマシー・タヴァーン
Gramercy Tavern
P101

P52 フィッシュ・エディ
Fishs Eddy

P51

モモ・スシ

Irving Place
アーヴィング・プレイス

E. 19 St.

P50 クレート & バレル
Crate & Barrel

H&M

ABCカーペット&ホーム
ABC Carpet & Home
ABCキッチン P67
ABC Kitchen

ローザ・メキシカーナ

オールド・タウン
Old Town

ピーツ・タヴァーン
Pete's Tavern

E. 18 St.

3番街
3rd Ave.

パラゴン・スポーツ

ザラ

バーンズ&ノーブル
Barnes & Noble

W ニューヨーク・
ユニオンスクエア

イン・アット・
アーヴィング・プレイス
The Inn at Irving Place

E. 17 St.

J.クルー

チョップト・クリエイティブ・
サラダCo.
Chopt Creative
Salad Co. P87

5番街
5th Ave.

コーチ

シティバンク

Union Sq. W.

ユニオン・スクエア・グリーン・マーケット P97
Union Square Green Market

ユニオン・スクエア P100
Union Square

E. 16 St.

ダリル・ロス劇場
Daryl Roth Theatre

アーヴィング・プラザ
Irving Plaza

E. 15 St.

3rd Ave.

チェイスバンク

リーボック

Union Sq. E.

スターバックス

N Q
R W

14 ST-UNION SQ

14 ST-UNION SQ 4

L

サブウェイ

L

E. 14 St.

L

3 AV

ホール・フーズ・マーケット
Whole Foods Market

University Pl.

Broadway

デュアン・リード

5
6

P61 トレーダー・ジョーズ
Trader Joe's

P56 キールズ
Kiehl's

ルークス・ロブスター
Luke's Lobster P86

5th Ave.

4th Ave.

E. 13 St.

4

P46 ノードストローム・ラック
Nordstrom Rack

ハイアット・ユニオン・スクエア
（ニューヨーク）
Hyatt Union Square(New York)

ストランド・
ブックストア
Strand Bookstore
P53

E. 12 St.

ワシントン・
スクエア へ

A

B

21

15上

14

12-13

24-25
22-23

10-11

8-9

20   21

17
18-19

16

6-7

4-5

15下

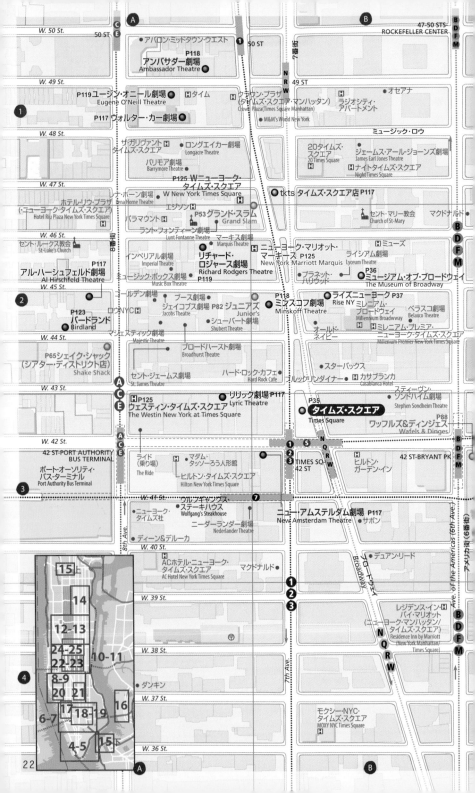

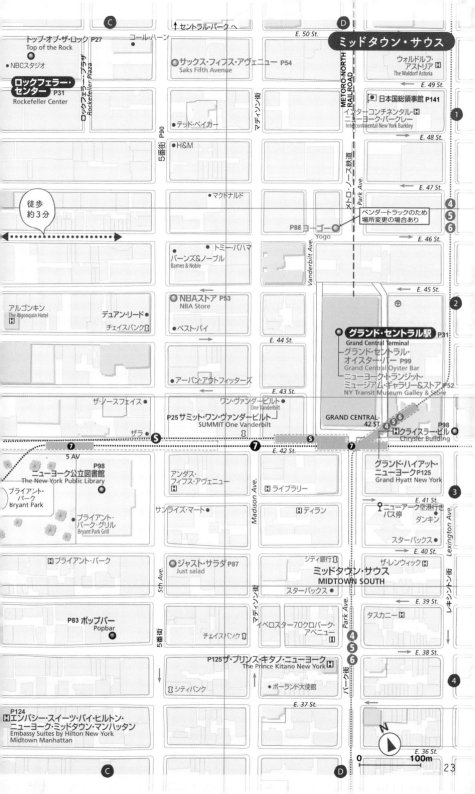

トップ・オブ・ザ・ロック P27
Top of the Rock
● NBCスタジオ

コール・ハーン

↑ セントラル・パークへ

E. 50 St.

●サックス・フィフス・アヴェニュー P54
Saks Fifth Avenue

ウォルドルフ・
アストリア H
The Waldorf Astoria

ロックフェラー・
センター P31
Rockefeller Center

E. 49 St.

●日本国総領事館 P141
インターコンチネンタル・
ニューヨーク・バークレー
Intercontinental New York Barkley

●テッド・ベイカー

E. 48 St.

● H&M

E. 47 St.

● マクドナルド

徒歩
約3分

ベンダートラックのため
場所変更の場合あり

E. 46 St.
P88 ヨーゴー
Yogo

●トミー・バハマ

バーンズ＆ノーブル
Barnes & Noble

E. 45 St.

アルゴンキン
The Algonquin Hotel H

デュアン・リード ●

●NBAストア P53
NBA Store

チェイスバンク 🏦

● ベスト・バイ

E. 44 St.

●グランド・セントラル駅 P31
Grand Central Terminal
グランド・セントラル・
オイスター・バー P99
Grand Central Oyster Bar
ニューヨークトランジット・
ミュージアム・ギャラリー＆ストア P52
NY Transit Museum Galley & Store

●アーバン・アウトフィッターズ

E. 43 St.

ザ・ノースフェイス ●

ワン・ヴァンダービルト
One Vanderbilt

P25 サミット・ワン・ヴァンダービルト
SUMMIT One Vanderbilt

GRAND CENTRAL-
42 ST

P98
クライスラービル
Chrysler Building

ザラ

S

5 AV

7

7

E. 42 St.

S

7

グランド・ハイアット・
ニューヨーク P125
Grand Hyatt New York

ニューヨーク公立図書館 P98
The New York Public Library

ブライアント・
パーク
Bryant Park

アンダス・
フィフス・アヴェニュー

●ライブラリー

E. 41 St.
ニューアーク空港行き
バス停

ダンキン

ブライアント・
パーク・グリル
Bryant Park Grill

サンライズ・マート

H ディラン

スターバックス

E. 40 St.

H ブライアント・パーク

●ジャスト・サラダ P87
Just salad

シティ銀行 🏦

ザ・レンウィック

ミッドタウン・サウス
MIDTOWN SOUTH

P83 ポップバー
Popbar

スターバックス ●

E. 39 St.

イベロスター70クロパーク・
アヴェニュー
H

タスカニー ●

チェイスバンク 🏦

E. 38 St.

P125 ザ・プリンス・キタノ・ニューヨーク
The Prince Kitano New York H

🏦 シティバンク

● ポーランド大使館

E. 37 St.

P124
H エンバシー・スイーツ・バイ・ヒルトン・
ニューヨーク・ミッドタウン・マンハッタン
Embassy Suites by Hilton New York
Midtown Manhattan

N

E. 36 St.

0   100m

C

D

23

N

0　100m

A　**B**

① マンダリン・オリエンタル　P125
　Mandarin Oriental New York
ジャズ・アット・リンカーン・センター　P122
Jazz at Lincoln Center
ウイリアムズ・ソノマ　P60
Williams Sonoma
ホール・フーズ・マーケット　P90
Whole Foods Market at Columbus Circle
バー・セ
ヌガティーヌ・アット・ジャン・ジョルジュ
Nougatine at Jean-Georges
ジャン・ジョルジュ
Jean Georges
① トランプ・インターナショナル
Trump International Hotel & Tower
・スターバックス

W. 62 St.

W. 61 St.

W. 60 St.

Q

セントラル・パーク　P90
Central Park

F

N R W

タイム・ワーナー・センター　P92
Time Warner Center

徒歩
約3分

① ・コロンブス像

P98
コロンブス・サークル
② Columbus Circle

59 ST-
COLUMBUS CIRCLE

A B
A D

Unity Center of
New York City

ミュージアム・オブ・アーツ・
アンド・デザイン（MAD）
Museum of Arts and Design

W. 58 St.

セントラルパーク・サウス
Central Park South

JWマリオット・
エセックス・ハウス
JW Marriott Essex House

リッツ・カールトン・
ニューヨーク・セントラル・パーク ①
The Ritz-Carlton New York, Central Park

ミッドタウン・ノース
MIDTOWN NORTH

ダンキン・

ノードストローム　P54
Nordstrom

W. 57 St.

③

パーク・ハイアット　P125
Park Hyatt New York

ソルズベリー
Salisbury Hotel

N Q R W
57 ST/7AV

F 57 ST

3

T.J.マックス　P47
T.J. MAXX

② ① ブルックリン・ダイナー
② ③ Brooklyn Diner

ロシアン・
ティー・ルーム
Russian
Tea Room

カーネギー・ホール　P120
Carnegie Hall

デュアン・リード
Duane Reade

バーガー・ジョイント
Burger Joint

スター・
バックス

P64

B
D

W. 56 St.

パーカー・ニューヨーク
Parker New York

マクドナルド
ウェンディーズ
チャイ　・トット

A
C

パーク・セントラル
The Park Central Hotel

スターバックス

W. 55 St.

③

St-George
Greek Orth. Church

W. 54 St.

コンラッド・ニューヨーク・ミッドタウン
① Conrad New York Midtown

アメリカーナ ①

スターバックス

Broadway

スターバックス

アメリカ街（6番街）
Ave. of the Americas (6th Ave.)

W. 53 St.

7 AV

B D
E

ブロードウェイ劇場
Broadway Theatre

オーガスト・
ウィルソン劇場
August Wilson Theatre

Manhattan High School

スターバックス

デュアン・リード
Duane Reade

P115 ホープ
HOPE

P125 ヒルトン・ミッドタウン
New York Hilton Midtown ①

ベンダートラックのため
場所変更の場合あり

P88 ハラル・ガイズ
Halal Guys

P125
シェラトン・ニューヨーク・
① タイムズ・スクエア
Sheraton New York
Times Square

フィルズ・ステーキ
Phil's Steak

P88

W. 52 St.

ニール・サイモン劇場
Neil Simon Theatre
P116

マクドナルド

ベンダートラックのため
場所変更の場合あり

④

P123 タイムズ・スクエア教会
Times Square Church

8番街
8th Ave.

ザ・マンハッタン・アット・
タイムズ・スクエア
The Manhattan at
Times Square

ラジオ・シティ・ミュージック・ホール　P40
Radio City Music Hall

W. 51 St.

ガーシュイン劇場　P119
Gershwin Theatre

7番街
7th Ave.

ミケランジェロ
Michelangelo

47-50 STS-
ROCKEFELLER CENTER

B D
F M

サークル・イン・ザ・
スクエア劇場
Circle in Sq. Theatre

C 50 ST
E

A

ウィンター・ガーデン劇場
Winter Garden Theatre
P116

①

50 St.

50 St.

B

Broadway

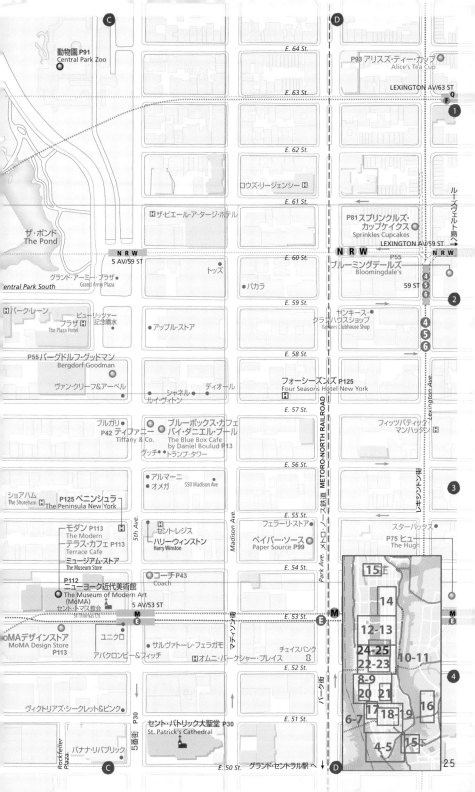

地下鉄路線図

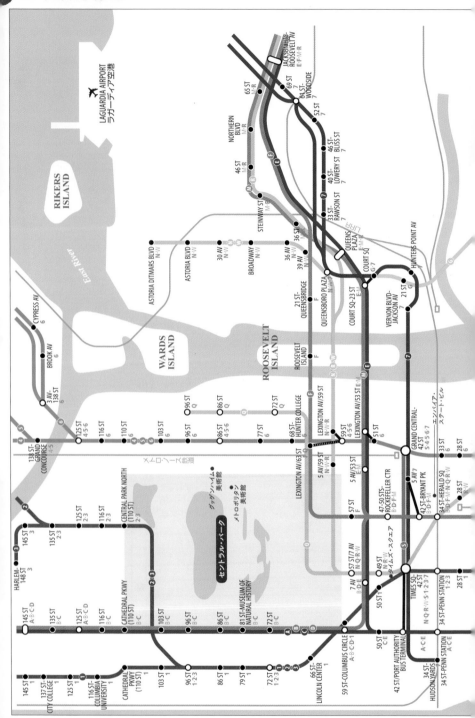

エリア Navi 地下鉄路線は同じルートを通るものでも路線番号によって停車駅が異なる。上記地図上の駅名の横に、停車する路線番号を明記してあるので、事前に確認してから乗車しよう。時間帯によって停車しない駅もあるので注意。

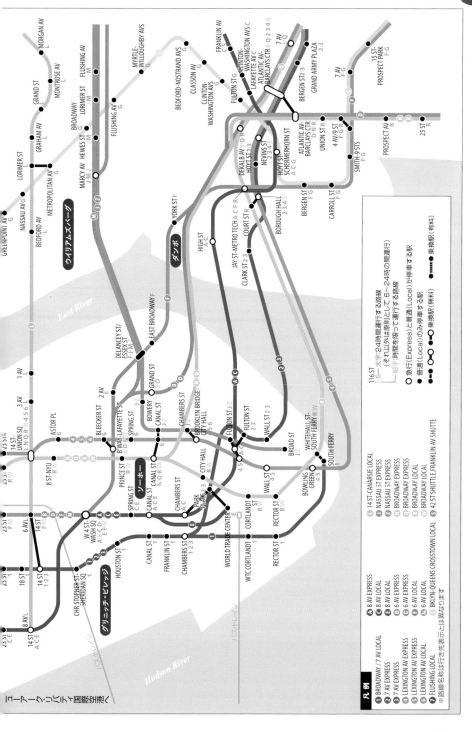

地下鉄路線図

27

シーン別 カンタン 会話

Scene 1 レストランで

メニューをください
May I have a menu, please?
メアイ ハヴァ メニュ ブリーズ

窓際の席をお願いします
I'd like a table by the window.
アイド ライカ テイブウ バイ ダ ウィンドゥ

おすすめの料理はどれですか
What do you recommend?
ゥワット ドゥ ユー レカメンド

クレジットカードは使えますか
Do you accept credit cards?
ドゥ ユー アクセプト クレディット カァズ

Scene 2 ショップで

試着をしてみていいですか
Can I try this on?
キャナイ トライ ディス オン

領収書をください
Can I have a receipt, please?
キャナイ ハヴァ リシート ブリーズ

返品(交換)したいのですが
I'd like to return(exchange) this.
アイド ライク トゥ リタァン(エクスチェインジ) ディス

これをください
I'll take this.
アィゥ テイク ディス

いくらですか
How much is it?
ハウ マッチ イズィト

サイズが合いません
This is not my size.
ディスィズ ナット マイ サイズ

Scene 3 観光で

タクシー乗り場はどこですか
Where is the taxi stand?
ゥエアリズ ダ タクスィ スタンド

一番近い地下鉄の駅はどこですか
Where is the nearest subway station?
ゥエアリズ ダ ニアレスト サブウェイ ステイシャン

タクシーを呼んでください
Could you call a taxi for me?
クッジュー コーウ ア タクスィ フォア ミー

この住所へはどのように
行ったらよいでしょう
How can I get to this address?
ハウ キャナイ ゲット トゥ ディス アドレス

Scene 4 困ったときは

(地図を見せながら)
この地図で教えてください
Could you show me the way on this map?
クッジュー ショウ ミー ダ ウェイ オン ディス マブ

財布を盗まれました
My purse was stolen.
マイ パァス ウォズ ストゥルン

病院へ連れて行ってください
Could you take me to a hospital, please?
クッジュー テイク ミー
トゥ ア ハスピタウ ブリーズ

警察(救急車)を呼んでください
Please call the police(an ambulance).
ブリーズ コール ダ パリース(アン ナンビュランス)

レート $1≒約147円
(2024年1月現在)

両替時のレート
$1≒

書いて
おこう♪